Guía completa del Pastor Alemán

David Daigneault

Datos de Publicación

David Daigneault

Guía completa del Pastor Alemán---- Primera edición.

Resumen: "Criar con éxito un pastor alemán desde cachorro hasta su vejez" --- Proporcionado por el editor.

ISBN: 979-8-89818-009-6

[1. Pastor Alemán --- No Ficción] I. Título.

Este libro ha sido escrito con la intención de proporcionar información precisa y autorizada con respecto al tema incluido. Si bien se han tomado todas las precauciones razonables en la preparación de este libro, el autor y el editor rechazan expresamente cualquier responsabilidad por errores, omisiones o efectos adversos derivados del uso o aplicación de la información contenida en su interior. Las técnicas y sugerencias deben utilizarse a discreción del lector y no deben considerarse un sustituto de la atención veterinaria profesional. Si sospechas que tu perro tiene un problema médico, consulta a tu veterinario.

Diseño por Sorin Rădulescu

Primera edición en español, 2025

Para Cody,
gracias por las lecciones de vida -

ÍNDICE

INTRODUCCIÓN:

Es momento de ser completamente sincero. No soy adiestrador ni criador de perros. Mis cualificaciones profesionales son simplemente las de un amante de los perros de larga data y un curso intensivo de estudio de cinco años. Cinco años guiando a mi Pastor Alemán, Cody, desde un cachorro de ocho semanas hasta su actual etapa adulta de cinco años y contando.

Como parte de mi compromiso con los perros, considero importante compartir lo que sé. Parte de mi conocimiento proviene de la Escuela de los Golpes Duros: mi esposa y yo cometimos errores. Los Pastores Alemanes pueden ser tercos y no dudan en tomar decisiones si tú no puedes hacerlo.

Recuerda: tu Pastor Alemán solo sabrá lo que tú le hayas enseñado, bueno o malo. Si has dejado que excave agujeros en el jardín, no es culpa suya, es tuya. Mi conocimiento también proviene de adiestradores, otros dueños y libros. Cuando te comprometes a llevar a casa un cachorro de Pastor Alemán, prepárate para la aventura de tu vida.

Uno de los mejores rasgos de un perro es su visión del mundo. Para tu compañero, cada día es nuevo. Hay frescura y entusiasmo al salir a explorar. Para ti puede parecer el mismo camino, pero para tu perro es un mundo de olores, vistas y sonidos que no estaban allí ayer.

Los perros aportan una perspectiva completamente diferente a la vida. Te invitan a vivir el momento, disfrutan lo que sucede ahora y no se preocupan por hipotecas o proyectos de trabajo. Así que la próxima vez que camines con tu perro, intenta examinar todo a través de sus ojos. Te hará un mundo de bien.

El buen perro Pastor conoce a su amo casi mejor que a sí mismo y debes preguntarte, de hecho, por qué no ocurre lo mismo a la inversa.

Max von Stephanitz

CAPÍTULO 1
La Saga del Pastor Alemán

Foto cortesía de Nanc Schutte

Como su nombre lo indica, los Pastores Alemanes fueron originalmente criados para ser perros de trabajo y pastoreo. El hombre que tiene el crédito por establecer al Pastor Alemán como una raza distinta es un pensador innovador llamado Max von Stephanitz. Este capitán de caballería del ejército alemán, obsesionado con los caninos, estaba asistiendo a una exposición canina a finales del siglo XIX cuando vio a un perro de cola ondulante, amarillo y negro, del que se enamoró inmediatamente. Von Stephanitz era un gran defensor de que los perros debían tener trabajos. También creía en las reglas y el orden. Pudo ver el potencial en Hektor, como se llamaba entonces aquel perro pionero, y lo compró en el acto. Von Stephanitz había estado trabajando durante muchos años en un programa cooperativo de cría que buscaba crear líneas uniformes de perros de trabajo en Alemania. Había tenido un éxito limitado. En otras palabras, estaba tratando de estandarizar una ocupación, un pasatiempo para algunos, que era un poco caótica. Si me permites la herejía de usar una expresión felina en un libro sobre perros, lo que von Stephanitz intentaba era algo muy difícil, así como pastorear gatos. Cuando puso sus ojos en Hektor, supo que había encontrado su prototipo definitivo. Hektor medía aproximadamente sesenta y tres centímetros a la cruz (parte superior del hombro) y ciertamente se asemejaba al Pastor Alemán de hoy, pero al mirar sus fotografías casi podia observarsealgo de lobo en sus antecedentes. Esto puede tener mucho sentido porque existe un rumor de larga data que sugiere que Hektor tenía sangre de lobo en su árbol genealógico.

Hektor pasaría a cambiar su nombre por algo más románticamente apropiado para un semental. Se convirtió en Horand von Grafrath y formó la pieza central de un programa de cría que enfatizaba la fuerza física, la inteligencia y la lealtad. Von Stephanitz procedió a crear la Asociación del Pastor Alemán (Verein für Deutsche Schäferhunde), que estableció las directrices estándar de la raza. Horand von Grafrath tuvo el honor de convertirse en el primer "Deutsche Schäferhunde", o perro Pastor Alemán registrado. Y además, otra cosa. Von Stephanitz valoraba la tenacidad. Ese atributo combinado con el resto del paquete genético hizo de los Pastores Alemanes el canino ideal para la siguiente etapa de su desarrollo. Se convertirían en los perros de guerra.

Perros de Guerra

La Primera Guerra Mundial. La guerra para acabar con todas las guerras, como irónicamente se la conocía. Los Pastores Alemanes formaban parte del ejército alemán cuando comenzaron las hostilidades en 1914. El uso de estos caninos era nuevo y había sido sugerido por, lo adivinaste, el Capitán Max von Stephanitz. Los perros desempeñaron una variedad de funciones durante este sangriento conflicto, incluyendo actuar como mensajeros, portadores de municiones y centinelas. La Cruz Roja también utilizó Pastores Alemanes como perros de rescate, encontrando soldados heridos en el caos de la batalla. Los atributos de fuerza, inteligencia y valentía, tan admirados por von Stephanitz, hicieron del Pastor Alemán el animal militar ideal para servir en una atmósfera mortal de tremendo ruido, peligro y constante agitación. Algunas estimaciones indican que para el final de la Gran Guerra, más de cincuenta mil perros habían sido utilizados tanto por los alemanes como por las potencias aliadas.

Al finalizar las hostilidades en 1918, los tres principales actores de la época, los alemanes, los británicos y los estadounidenses, estaban trabajando en programas individuales diseñados para desarrollar roles específicos e integrar a los Pastores Alemanes en el ámbito militar. Este es también el momento en que, debido a la amplia exposición del Pastor Alemán durante la guerra, la popularidad de la raza despegó. Nada refleja mejor la afinidad del público estadounidense por el Pastor Alemán que los fenómenos cinematográficos de Rin Tin Tin y Strongheart.

Strongheart fue una víctima de la guerra de la misma manera que muchas personas después de 1918. Este gran Pastor Alemán macho había servido en la Cruz Roja alemana durante el conflicto, pero su dueño, que quedó en la indigencia cuando cesaron las hostilidades, no podía permitirse mantenerlo. Afortunadamente, el dueño de Strongheart tenía un amigo en Nueva York que poseía un criadero, así que Strongheart fue enviado allí. Como muchas estrellas de cine humanas, Strongheart fue "descubierto" por un director de cine y finalmente protagonizó seis populares películas de aventuras a principios de los años veinte. Strongheart murió en 1929, pero no antes de impulsar al Pastor Alemán en los sueños e imaginaciones de innumerables espectadores.

Strongheart

Strongheart pudo haber sido la primera estrella canina cinematográfica, pero pronto sería eclipsado por un talento canino aún mayor. Posiblemente, la mayor oportunidad de Rin Tin Tin llegó cuando, siendo un cachorro, fue rescatado por un soldado estadounidense en Francia durante la Primera Guerra Mundial y posteriormente llevado a California. Rin Tin Tin y su dueño, Lee Duncan, pronto encontraron su camino en el cine mudo. A finales de la década de 1920, Rinty, como Duncan llamaba cariñosamente a su compañero peludo, ganaba más de cinco mil dólares a la semana y tenía un chef privado. El actor de cuatro patas murió en 1932, pero para entonces ya había protagonizado más de veinticinco películas y tenía el papel principal en su propio programa de radio, apropiadamente titulado El Perro Maravilla.

Cuando estalló la Segunda Guerra Mundial, los perros, y especialmente los Pastores Alemanes, estuvieron en medio de la acción. Aunque fueron utilizados por ambos bandos en el conflicto, es quizás la sombría imagen del régimen nazi con su policía secreta, la Gestapo, deteniendo a personas con feroces Pastores Alemanes ladrando, lo que está grabado en muchas imágenes. Este también puede ser el momento en que surgió el estereotipo del "Grande y Temido Pastor Alemán", que todavía persiste hoy en día. Más sobre esto en el Capítulo 3, El Estigma del Pastor Alemán.

Una de las historias más asombrosas sobre perros heroicos de la Segunda Guerra Mundial gira en torno al 13º Batallón de Paracaidistas del Ejército

Rin TIn TIn

12

Británico. Tenían un perro llamado Bing, que era un mestizo de Pastor Alemán. Bing era graduado de la Escuela Británica de Entrenamiento de Perros de Guerra y había sido enseñado a saltar de aviones con su paracaídas. Este "para-perro" saltó a la batalla en Francia el Día D. Sus especialidades eran localizar campos minados y olfatear soldados enemigos ocultos. Bing sobrevivió a la guerra y recibió el más alto honor de Gran Bretaña para animales que han mostrado "valentía destacada".

Pastor Alemán en la Segunda Guerra Mundial

Hay muchas conmovedoras historias de perros de guerra de la Segunda Guerra Mundial, pero al menos una más merece ser mencionada. Otro mestizo de Pastor Alemán llamado Chips sirvió con las fuerzas estadounidenses durante la invasión de Sicilia en 1943. El intrépido can atacó un nido de ametralladoras, mordiendo a los soldados alemanes allí y volcando la ametralladora de su montaje. Todos los alemanes en la escena se rindieron al Ejército de los Estados Unidos y Chips escapó con heridas leves. El valiente perro fue posteriormente recomendado para varios honores militares, incluida la Estrella de Plata y un Corazón Púrpura. Y una última nota sobre Chips: cuando el General Dwight Eisenhower, entonces Comandante Supremo Aliado en Europa, se inclinó para darle una palmada de felicitación, el perro de guerra Chips mordió al militar, tal como aparentemente había sido entrenado para hacer con extraños que se le acercaban. Al menos en este caso, Chips se salió con la suya al morder la mano que lo alimentaba.

Después de dos guerras mundiales, la población de Pastores Alemanes y sus dueños en Alemania había sido diezmada. Los criadores tardaron años de esfuerzo en recuperar una población de perros que mostrara los rasgos que von Stephanitz había trabajado tan incansablemente. Mientras tanto, la popularidad de la raza continuó disparándose en América del Norte. Las Aventuras de Rin Tin Tin dominaron las ondas televisivas desde 1954 hasta 1959. El Pastor Alemán estaba entre los diez perros más populares en la década de 1950. Sin embargo, con toda esta fama y gloria, surgieron nuevos problemas. Los criadores europeos

Foto cortesía de
Ashni Rana

había seguido las directrices establecidas por von Stephanitz, pero no
así los criadores estadounidenses. Esto significaba que mientras los criadores norteamericanos se centraban en la apariencia del perro, exhibiendo una estructura más grande, con lomos inclinados para exposición,
los criadores europeos se concentraban en la fuerza física, la inteligencia y la lealtad. Esta divergencia nos lleva a los dos mundos del Pastor
Alemán de hoy.

El Pastor Alemán en la Actualidad

Aunque muchos de nosotros podemos mirar a un perro y decir "oh,
ese es un Pastor Alemán", en el mundo del Pastor Alemán es un poco
más complicado que eso. De hecho, se consideran cinco líneas distintas
de Pastores Alemanes, cada una con su propio aspecto y temperamento.

Cuando estés buscando un cachorro, quizás quieras profundizar en los antecedentes específicos del criador con el que estás tratando. Basándote en las diversas líneas y la participación específica del criador, este debería poder decirte cuáles serán las características físicas de tu cachorro como adulto y también cuál será la "mentalidad" del perro. Podría caracterizarse como un "perro de familia" con "un nivel de energía medio", por ejemplo. Usaré a mi propio Pastor Alemán, Cody, como ejemplo. Proviene de una criadora que se especializa en perros de pelo más largo, con cabezas grandes y cuadradas y temperamentos más tranquilos. La criadora caracteriza a Cody como poseedor del aspecto de un "Schäferhund" de estilo antiguo con un lomo recto y se jacta de tener perros importados en su programa de cría. Contrastemos la apariencia de Cody con la primera de las cinco líneas de Pastor Alemán en nuestra lista.

Líneas de exposición americanas

Esta línea de perros recibe una buena cantidad de críticas. Han sido criados principalmente para exposición y los animales tienen una cabeza mucho más estrecha que sus homólogos europeos. Quizás la característica más distintiva sería la parte trasera severamente inclinada, algo que los expertos en perros llaman "angulación". En teoría, con animales bien criados, el temperamento será más tranquilo que una línea de perro de trabajo, con algo menos de energía, lo que puede hacerlos más adecuados como perro de familia. La crítica concerniente a esta línea de Pastor Alemán es que han sido sobreexplotados para características de exposición, resultando en problemas de salud que pueden acortar prematuramente la vida de un perro. Dos de los principales problemas son la displasia de cadera y codo. La displasia ocurre cuando las articulaciones no se forman correctamente, permitiéndoles dislocarse parcialmente. Esta es principalmente una condición genética. La cría indiscriminada y "de patio trasero" orientada al beneficio y no al bienestar del animal también ha dañado la imagen del Pastor Alemán en América del Norte. El perro de línea de exposición americana será más pesado y alto que los perros europeos.

Líneas de trabajo checas

Estos perros se originan en lo que entonces se conocía como Checoslovaquia (ahora República Checa y Eslovaquia). Esta rama del Pastor Alemán tiene una coloración uniforme más oscura con predominio del negro, marrón y gris. Sus orejas parecerán pequeñas en comparación con los apéndices similares a radares que se ven en algunos perros norteamericanos. Los Pastores Alemanes de línea de trabajo checa tienen gran agilidad y una constitución poderosa. Originalmente se utilizaban para la vigilancia fronteriza y la seguridad. Tienen lomos rectos y exhiben altos niveles de energía.

Líneas de trabajo de Alemania Oriental DDR

Los perros checos y los pastores de Alemania Oriental tienen genéticas estrechamente relacionadas, pero hay algunas diferencias. La línea DDR de perros es mayormente de color oscuro, con algo de rojo. Poseen cabezas grandes, un pecho amplio y altos niveles de resistencia. Después de la Segunda Guerra Mundial, cuando Alemania fue dividida, el estado comunista asumió el control de la cría y registro de Pastores Alemanes en su jurisdicción. Fueron rigurosamente criados como perros de trabajo capaces de largos turnos de seguridad, incluyendo el rastreo y ataque a personas que intentaban huir de Alemania Oriental.

Líneas de trabajo de Alemania Occidental

Esta línea de la familia del Pastor Alemán se origina en lo que era la Alemania Occidental de la posguerra. Al igual que sus homólogos de la DDR, fueron criados para la guardia y el trabajo con las fuerzas armadas y las fuerzas del orden. El color variará, pero pueden ser de manto negro con tonos tostados, quizás con algo de rojo. Sus cuartos traseros no serán planos y tendrán cierta angulación, pero no en la medida de sus primos norteamericanos. Su nivel de energía puede no ser tan alto como el de los Pastores orientales.

Líneas de exposición de Alemania Occidental

Estos perros no son tan oscuros en su coloración como sus primos orientales y generalmente tendrán un diseño de manto negro con predominio del negro y rojo. Su lomo tendrá cierta inclinación. Suelen ser más saludables que los perros americanos debido a las directrices de la Asociación del Perro Pastor Alemán que ponen énfasis en la certificación de cadera y codo en los perros reproductores. Tienen una constitución algo más robusta y sus caras no serán tan estrechas como las de los Pastores norteamericanos.

- En promedio, los machos de Pastor Alemán miden entre sesenta y sesenta y seis centímetros a la altura del hombro y pesan entre veintinueve y cuarenta y un kilogramos.

- En promedio, las hembras de Pastor Alemán miden entre cincuenta y seis y sesenta y un centímetros a la altura del hombro y pesan entre veintitrés y treinta y dos kilogramos.

Entonces, después de toda esta información de fondo, la pregunta sigue siendo, ¿cómo es un Pastor Alemán? ¿Cómo se comportarán en tu hogar? Como dueño de un perro, puedo decirte que el comportamiento de tu perro depende principalmente de ti. Si has dedicado el tiempo y has reforzado la educación de tu perro, tu Pastor Alemán se comportará tan bien como tú desees. Profundizando un poco más, podemos generalizar sobre la raza hasta cierto punto, pero debes tener en cuenta la predisposición genética de las diversas líneas de Pastores Alemanes de las que acabamos de hablar. En otras palabras, investiga. Nunca será demasiado al leer sobre la raza de perro que estás considerando y nunca serán demasiadas preguntas las que puedas llegar a hacer. En el caso del Pastor Alemán, la línea de cría también es importante. Si un criador se muestra reacio a responder preguntas, puede ser el momento de buscar otro criador.

Los Pastores Alemanes no son como cualquier otro perro que puedas adquirir. Son inteligentes, quieren aprender, tienen energía ilimitada y demandan mucho de tu tiempo. Si no puedes lidiar con ese paquete, no adquieras un Pastor Alemán. Veo anuncios todos los días de personas que intentan "reubicar" a su Pastor Alemán porque no pueden dedicarle el tiempo, o sus circunstancias han cambiado y ya no pueden mantener al perro. Para mí, eso es como decir que ya no pueden permitirse alimentar a un miembro de la familia y que tiene que irse. Piensa larga y detenidamente sobre tu decisión de obtener un perro grande y exigente como un Pastor Alemán. Si decides obtener uno por todas las razones correctas, tendrás un compañero y mejor amigo para toda la vida. Te daré algunas cosas en las que pensar en el próximo capítulo que te ayudarán a tomar tu decisión sobre el perro.

CAPÍTULO 2
¿Es el Pastor Alemán adecuado para ti?

"Con demasiada frecuencia veo personas que adquieren un Pastor Alemán porque su vecino o amigo tenía uno que les gustaba mucho, o porque les encanta su apariencia, o porque se han dejado llevar por las historias sobre su valentía. Pero realmente necesitas investigar bien sobre esta raza. Debes comprender sus necesidades y si verdaderamente se adaptarán a tu estilo de vida. Prepárate para un perro inteligente que te manipulará si sabe que tú no serás consistente con él. Necesitan trabajar y tener una tarea, son una raza de trabajo y como tal pueden volverse inquietos y destructivos si no se ejercitan adecuadamente."

Celeste Schmidt
Dakonic German Shepherds

Hay pocas cosas más agradables que un Pastor Alemán bien socializado y correctamente adiestrado. Esta raza es hermosa, inteligente, leal, protectora, atlética, divertida y creativa. Son excelentes compañeros y los Pastores Alemanes nunca se cansan de tu compañía. Esas son solo algunas de las cosas que te ofrecen. A cambio, requieren ciertas cosas básicas para convertirse en buenos ciudadanos caninos. Ahí es donde tú debes retribuirlos. Veamos qué debes considerar antes de dar ese paso decisivo de traer un Pastor Alemán a tu hogar. Sí, los cachorros son adorables y a todos les encantan los pequeñines, pero no permanecen así por mucho tiempo. Pronto tendrás un perro de treinta y seis kilos que buscará tu orientación.

Foto cortesía de Carrie Anderson

¿Cuánto tiempo tienes para dedicarle a tu perro? Estas son algunas de las cosas que debes considerar seriamente antes del día D, o día del perro. Veamos si puedes manejar la presión.

Ejercicio

Un Pastor Alemán no se conforma con estar en casa todo el día. Necesita estimulación y ejercicio. Todos los días. En nuestra casa, mi perro, Cody, sale como mínimo cinco veces al día. Dos de esos paseos serán de treinta minutos o más. Algunos de esos paseos incluirán juegos con pelota, como jugar al "fútbol", definitivamente su deporte favorito. El perro sale sin importar la lluvia, la nieve o el clima que haya. Los Pastores Alemanes pueden soportar la mayoría de las condiciones, lo que significa que tú debes estar preparado para salir varias veces, de manera regular, en todo tipo de clima. Eso es solo parte del paquete de ejercicio. Un perro que hace mucho ejercicio y está cansado al final del día es un buen perro. Sin embargo, el ejercicio físico no es el único tipo de esfuerzo que tu perro necesita. El ejercicio mental también es necesario para tu mascota. Reforzar comandos, juegos con pelota y aprender nuevos trucos contribuyen a cansarlo. Si tú y tu familia no pueden comprometerse con una cantidad mínima adecuada de ejercicio físico y mental, entonces no consideres tener un Pastor Alemán.

Mantenimiento

Tu cachorro puede ser un perro maravilloso, pero hay algunas cosas que no puede hacer por sí mismo. Tu perro debe ser cepillado una vez al día. Esto ayuda a eliminar el exceso de pelo, y si tu Pastor Alemán tiene un pelaje más largo, previene la formación de nudos. Según mi experiencia, esta raza no requiere muchos baños. De hecho, menos es más, ya que no querrás eliminar los aceites esenciales que ayudan a mantener saludable la piel del perro. Dos o tres veces al año es más que suficiente, a menos que hayan tenido un encuentro con alguna fauna poco amistosa, como los zorrillos. Debes estar preparado para administrar medicamentos contra gusanos del corazón, pulgas y garrapatas según sea necesario. El cepillado regular de dientes es imprescindible. Los perros son susceptibles a la acumulación de sarro y si permites que se descontrole, necesitarás una visita al veterinario. Hablando de veterinarios, un chequeo anual como mínimo es obligatorio para tu Pastor Alemán. Casi con seguridad tendrás visitas más frecuentes cuando tu perro sea un cachorro. Por eso, un seguro para mascotas tiene mucho sentido.

Educación y Adiestramiento

Probablemente deberías incluir una clase de adiestramiento para cachorros en tu agenda. Esto no solo ayudará a socializar a tu pequeño, sino que te dará buenos hábitos para incorporar a tu rutina diaria. Tú necesitarás ser el líder desde el punto de vista de tu perro. Los Pastores Alemanes siempre te están observando, buscando señales. Quieren saber qué se espera de ellos y buscan que tú les des dirección. Recuerda, son perfectamente capaces de tomar decisiones por sí mismos si tú no asumes el mando. Es posible que no quieras vivir con las consecuencias de que tu Pastor Alemán tome las decisiones. Un adiestramiento adicional, ya sea en una clase grupal o individual, es una buena idea si puedes permitírtelo. Todo lo que aprendas en clase debes transmitirlo a los miembros de la familia para su refuerzo.

Tiempo de Calidad

Foto cortesía de Andrea Liu

Tu perro debe ser considerado parte de la familia y, como tal, necesita pasar tanto tiempo de calidad con su manada como sea posible. Debería acompañarte a la mayoría de los lugares a los que vayas. No olvides que hay muchas tiendas que aceptan mascotas y dan la bienvenida a los perros. Tu Pastor Alemán también debería ser bienvenido al acostarse en la alfombra y ver televisión con la familia. He sorprendido a Cody más de una vez observando atentamente la acción en la pantalla. Los Pastores Alemanes son perros de personas y quieren estar contigo. También asegúrate de que todos los miembros de la familia estén de acuerdo con la llegada de tu nuevo miembro familiar. Los perros no son regalos, así que nada de Pastores Alemanes bajo el árbol en Navidad. También ayuda a que todos se sientan responsables si cada miembro del hogar tiene una tarea relacionada con el perro. Llámalo tiempo de calidad con Rex.

Espacio Vital

Necesitas tener un hogar adecuado para tu perro. Aunque he escuchado historias de Pastores Alemanes viviendo en apartamentos, este no es el arreglo de vivienda más adecuado para ellos. Necesitan espacio interior y exterior. Una casa con un patio grande y cercado es deseable; una propiedad en el campo sería considerada un paraíso. Si estás alquilando, recuerda que a los propietarios no les entusiasman mucho los Pastores Alemanes. No adquieras un Pastor Alemán si tu situación de vivienda no es estable y una mudanza podría estar en tu futuro. A los Pastores Alemanes les gusta la rutina; les gusta saber qué esperar. ¿Puedes culparlos?

Gastos

Los Pastores Alemanes son perros grandes. También representan un gran gasto. Debes estar preparado para pagar los costos de tu mejor amigo. Establecer un presupuesto es imprescindible. Los costos continuos para tu perro adulto pueden superar fácilmente los dos mil euros al año e incluso ser más, dependiendo de la salud del animal y del tipo de dieta que siga tu Pastor Alemán. Esto no tiene en cuenta los gastos iniciales incurridos en el período inicial de la tenencia de mascotas, como juguetes, una jaula, correas, collares y comederos y bebederos. Desglosaremos los costos más adelante en el Capítulo 5.

Motivación

Esta última área es la más importante. No adquieras un Pastor Alemán porque piensas que sería un buen accesorio para tu imagen de macho. Adquiere uno si estás buscando un perro al que amarás como miembro de la familia. Eso es para toda la vida del animal. Los Pastores Alemanes pueden vivir de doce a catorce años, por lo que traer uno a casa no es un compromiso a corto plazo.

Foto cortesía de
Nicole Grethen

Comprar o Adoptar

"Personalmente, siento que tanto los criadores respetables como los refugios respetables ofrecen perros para satisfacer las necesidades de todos. Como criadora respetable del Pastor Alemán, recomendaría a las personas que consideren el temperamento, los niveles de energía y la motivación que mejor se adapte a tus necesidades por encima del color y las líneas de sangre del perro."

Erika Martin
Century Farms

Es un hecho triste. Hay cientos de miles de perros en refugios y centros de rescate en toda América. Muchos de ellos están en riesgo de eutanasia porque nadie parece quererlos. Aquí hay algunas estadísticas poco alentadoras de las Sociedades Protectoras de Animales.

- Aproximadamente 3,3 millones de perros ingresan al sistema de refugios cada año
- 670.000 de esos animales son sacrificados

Muchos perros que terminan en refugios son de raza pura y si observas cualquier listado de refugios o rescates, verás bastantes caras de Pastores Alemanes. Están allí por las siguientes razones, una vez más según lo indicado por las Sociedades Protectoras.

- Comportamientos problemáticos
- Comportamientos agresivos
- Crecieron más de lo esperado
- Problemas de salud que el dueño no podía manejar

Los perros de refugio no son malos perros; simplemente no han tenido dueños muy responsables. Desafortunadamente, los perros pagan el precio. Entonces, si estás buscando un compañero y no tienes requisitos específicos en mente, un perro adoptado puede ser justo lo que necesitas. Típicamente, las tarifas de adopción son relativamente económicas, quizás varios cientos de euros para un perro de raza pura. Sin embargo, cuando se compara con los precios de los criadores de mil euros o más, los animales de rescate son más que asequibles. Considerar un Pastor Alemán adulto de un refugio te da la oportunidad de ver el tamaño del animal, evaluar su personalidad, e incluso pasar algo de tiempo con él para que puedas tener una idea de su temperamento. Todas esas son cosas buenas asociadas con la adopción.

Hay una desventaja importante que debes conocer. Nunca puedes saber hasta qué punto la vida anterior del animal lo ha afectado. Desde la ansiedad por separación hasta el miedo a los humanos (quizás debido a abusos). Estate preparado para que tu Pastor Alemán de rescate pueda requerir algo de paciencia adicional. Por lo tanto, si adoptas, estás asumiendo algunas incertidumbres, pero si estás pensando en un Pastor Alemán en primer lugar, deberías ser una persona lo suficientemente fuerte como para manejar algunas turbulencias. Si quieres un Pastor Alemán y hay demasiados en el sistema de refugios, podrías salvar una vida, y podría ser la mejor decisión que hayas tomado. Para todos los involucrados.

Comprar a un Criador

No hay escasez de criadores. Desafortunadamente, sin embargo, hay escasez de criadores respetables, por lo que es importante hacer tu investigación. Algunas cosas a considerar:

- Asegúrate de firmar un contrato que detalle las obligaciones de ambas partes.
- El criador debe ofrecer una garantía de salud (con respecto a la displasia de cadera y codo).
- El criador debe estar preparado para ofrecer referencias de personas que hayan comprado cachorros de él.
- ¿Están los padres disponibles para ser vistos? La madre (o hembra) debería estar en las instalaciones como mínimo.
- Ambos padres deben tener registros oficiales.
- Debe haber una lista de espera para los cachorros.
- No debe haber más de una o dos camadas producidas al año.

En mi búsqueda de un cachorro, por ejemplo, fui a exposiciones caninas para hablar con criadores y observar varios perros. También podrías consultar con tu veterinario local para ver si tiene alguna recomendación de criadores basada en su experiencia personal. Hay muchos clubes de Pastores Alemanes. Incluso si no hay uno en tu área, ponerte en contacto y hablar con un miembro sobre tu situación puede ser una fuente invaluable de información para ti. El boca a boca también puede ser una buena fuente de inteligencia sobre Pastores Alemanes. Me encuentro con personas casi todas las semanas que tienen Pastores Alemanes y que están más que felices de mostrarte fotos y hablar sobre el criador del que compraron. Dar un paseo por tu parque canino local te pone en un entorno canino que puede ser revelador, además de ponerte en contacto con todo tipo de personas amantes de los perros.

Una de las primeras cosas que hice en mi búsqueda de perro, después de hacer innumerables horas de investigación, fue ir a visitar al criador en el que me había centrado. Asegúrate de prestar atención al entorno del hogar del criador. Comprueba el estado de los otros perros presentes y haz todas las preguntas que se te ocurran. No hay preguntas estúpidas. Examina cualquier cachorro para ver qué tan bien mantenidos están. Observa qué tan vivaces parecen ser y qué tan ansiosos están por conocerlo. El criador también debería tener muchas preguntas para ti. Deberían estar velando por el bienestar de sus cachorros y queriendo asegurarse de que vayan a hogares adecuados. El criador también debería ofrecerse a recuperar tu perro si tus circunstancias cambian y ya no puedes quedarte con él.

Foto cortesía de Mika Lee

La Decisión

"Pregunta al criador sobre el temperamento del perro, qué adiestramiento han tenido los padres y qué títulos han ganado sus perros. Te dará una buena idea de cómo serán los temperamentos del cachorro. Pide al criador una explicación del temperamento de cada uno de los cachorros de la camada y qué cachorro se adapta mejor a tu estilo de vida. Algunos cachorros son más activos, mientras que otros son más tranquilos."

Katie Halfen
Casamoko Shepherds

Si tienes tu corazón puesto en un Pastor Alemán y has decidido seguir adelante, te ayudará pensar en el perro que deseas en lugar de solo pensar en un perro. Lo que quiero decir es lo siguiente. Una vez más, usaré mi propia experiencia. Cuando mi esposa y yo hablamos sobre conseguir un cachorro, sabíamos que queríamos un perro familiar, uno con una disposición sociable que no tuviéramos que encerrar en algún lugar para mantener a los visitantes seguros. Entonces, cuando hablamos con nuestra criadora, identificamos muy rápidamente que ella criaba sus perros para un "temperamento tranquilo y equilibrado" y para ser un "compañero familiar". Eso es lo que queríamos.

Así que identifica las cualidades que tu familia está buscando. Recuerda las cinco líneas de Pastores Alemanes de las que hablé en el Capítulo Uno. Puedes encontrar criadores aquí y en el extranjero que pueden proporcionar Pastores Alemanes con diferentes atributos e motivaciones. Si estás buscando competir, entonces puedes querer un Pastor con una motivación más alta. Todo es cuestión de por qué quieres el perro y luego dar con el criador adecuado. Puede llevar algún tiempo encontrar el criadero correcto, pero tómate tu tiempo y hazlo bien. Recuerda, es para toda la vida.

Reproducir o No Reproducir

Una de las decisiones más importantes que tomarás con respecto a tu Pastor Alemán es si tienes la intención de reproducir a tu perro. Esa es una elección que no debe tomarse a la ligera. ¿Recuerdas todos los perros en refugios y la alta tasa de eutanasia? El contrato con tu criador debe incluir una cláusula de esterilización/castración y si decides no esterilizar/castrar, el precio de compra de tu Pastor Alemán será más alto. Al contemplar si tener una camada, debes tener en cuenta todos los atributos responsables que esperabas que tu criador tuviera cuando compraste a tu cachorro. Necesitarás buscar una pareja adecuada de raza pura para tu Pastor Alemán. Es decir, compraste un perro de raza pura por una razón, ¿verdad? Y por adecuado, me refiero a uno que haya sido autorizado en términos de salud; certificado libre de DM (mielopatía degenerativa) y displasia, por ejemplo. La pareja también debe tener un temperamento social que se preste a cachorros bien adaptados. Después de esas consideraciones, necesitarás elaborar una lista de verificación y adherirte estrictamente a ella. Una lista de verificación debe incluir lo siguiente.

Lista de Verificación para la Cría

- ¿Tiene tiempo para dedicar a su proyecto de cría? Debes saber que siempre tomará más tiempo del que pensabas.
- Asegúrate de estar preparado para las implicaciones financieras de traer cachorros al mundo. El tamaño promedio de la camada de Pastor Alemán es de ocho.

- Esos cachorros requerirán todo tipo de mantenimiento y tiempo de socialización.

- Así como tú fuiste examinado antes de comprar a tu perro, necesitas evaluar a tus compradores potenciales.

- Los cachorros encontrarán su camino hacia tu corazón, pero tienen que ir a sus hogares definitivos. Prepárate para el costo emocional que eso tendrá.

- Todos los criadores responsables aceptarán de vuelta a los perros que los dueños ya no puedan cuidar. ¿Estás preparado para hacer eso?

- No se deben reproducir hembras menores de dos años. No se deben usar machos menores de dieciocho meses.

Esta no es de ninguna manera una lista exhaustiva, pero espero que te dé una idea de lo que se necesitas para criar responsablemente incluso una camada de cachorros. En el próximo capítulo, veremos por qué algunas personas consideran a los Pastores Alemanes como los chicos malos del barrio. También te daré algunas ideas sobre lo que tú, como nuevo dueño de un Pastor Alemán, puedes hacer acerca de lo que yo llamo el Estigma del Pastor.

CAPÍTULO 3
El estigma del Pastor Alemán

Foto cortesía de Jenny Bowden

Permíteme comenzar este capítulo con una historia. Hace varios años, mi Pastor Alemán Cody, que entonces tenía ocho meses, y yo, estábamos inscritos en una clase de obediencia para perros jóvenes. Una vez por semana nos subíamos a la camioneta y conducíamos hasta la pequeña ciudad más cercana donde se impartían las clases. Cody, gracias a Dios, ya había superado su etapa de mareos en el coche. En fin, había una dinámica presente en la clase que me tomó un par de semanas apreciar completamente.

Primero, un poco de antecedentes. Mi esposa, Cody y yo vivimos en una propiedad rural de aproximadamente dos hectáreas y media sin perros en el vecindario con los que Cody pudiera socializar. Por eso, siempre nos asegurábamos de llevarlo a lugares para que conociera personas y otros perros. Algo que Cody nunca ha superado es que cuando entra a un lugar nuevo o a algún sitio a donde no ha ido por un tiempo, siempre suelta uno o dos ladridos fuertes. Puede ser en el consultorio veterinario, en la tienda de alimentos para mascotas, no importa dónde. Un gran ladrido y luego se calma. Más o menos.

Volviendo a la clase de obediencia. Después de la primera o segunda sesión, y los ladridos que las acompañaron, se me sugirió que trajera a Cody justo al comienzo de la clase, pero no antes, para no molestar tanto a los otros perros. Los compañeros de clase de Cody eran una mezcla de chihuahuas, golden retrievers y caniches. Él era el más grande y ruidoso. Siempre se calmaba a medida que avanzaba la clase porque tenía trabajo que hacer.

Después de la segunda clase, noté que todos los demás perros y sus dueños se alineaban en el otro lado de la sala, lo más lejos posible de Cody. Las lecciones continuaron así durante las ocho semanas requeridas. Cuando pregunté sobre el siguiente curso avanzado, se me dijo cortésmente que los otros dueños tenían miedo de mi perro y que preferirían que no asistiera a más clases. Más tarde, un amigo mío que ayudaba a dirigir algunas de las clases, me informó que, debido a que Cody era un "Pastor Alemán grande, ruidoso y agresivo", no era bienvenido. Así que ese fue mi primer encuentro con lo que llamo el "Estigma del Pastor Alemán". ¿De dónde viene este estereotipo y por qué sigue con nosotros hoy? Esto es lo que pienso.

Foto cortesía de Jamie Nicholson

Algunas personas simplemente tienen miedo a los perros, especialmente a los perros grandes. No hay duda de ello. El diccionario Merriam-Webster define la cinofobia como un "miedo mórbido a los perros". Algunos psicólogos han teorizado que hasta el 10 por ciento de la población sufre esta fobia. Pero creo que el "Estigma del Pastor Alemán" va más allá de eso. Por ejemplo, para gran parte de la población de mayor edad, los Pastores Alemanes son "perros policía", con la intimidante reputación que acompaña a esa imagen.

Por supuesto, cada perro tiene su momento. Me refiero a los perros grandes. Los Doberman han sido etiquetados como matones agresivos y gruñones. Los Rottweilers han sido calificados como malhechores viciosos. Más recientemente, los Pit Bulls han sido vapuleados como acosadores mordedores. Sin embargo, los Pastores Alemanes son diferentes. A través de toda esta ola de perros grandes y malos que la sociedad parece continuamente lanzarnos, se entreteje la imagen constante del Pastor Alemán gruñendo y mordiendo.

Piensa en todas esas películas de la Segunda Guerra Mundial que puedes haber visto. Campos de concentración, campos de prisioneros de guerra con soldados armados patrullando los perímetros. Con perros. ¿Qué tipo de perros? Pues grandes y malos Pastores Alemanes, por supuesto. Avancemos a la Europa Oriental de la era de la Guerra Fría y ¿quién está patrullando las fronteras manteniendo el comunismo a salvo de la democracia? Pastores Alemanes nuevamente. Los Pastores Alemanes tienen una reputación imponente como perros guardianes y de seguridad, y como excelentes compañeros K-9 con los militares y las fuerzas del orden. Esa imagen juega en contra de la raza de muchas maneras. No se puede ser un tipo duro y una mascota familiar cariñosa al mismo tiempo, ¿verdad? ¡Incorrecto!

Resulta que los Pastores Alemanes pueden ser tipos duros y muy sensibles al mismo tiempo. Yo lo sé. Sospecho que tú también ya lo sabes si quieres traer un Pastor Alemán a tu hogar para vivir contigo y tu familia. Así que, aunque sabemos que no hay perros malos, solo dueños irresponsables, y que no se puede pintar a toda una raza con el mismo pincel, esto igual sucede. La leyenda urbana, el "Síndrome del Perro Negro", llámalo como quieras, se ha manifestado en muchos países y municipios que promulgan Legislación Específica por Raza (BSL por sus siglas en inglés). Este tipo de ley generalmente tiene dos partes. La BSL puede consistir en una prohibición total de ciertas razas o restricciones impuestas a un determinado tipo de perro. Esas limitaciones pueden incluir:

- El perro debe usar un cierto tipo de collar u otro marcador identificativo que indique que es un perro "potencialmente peligroso"
- Los dueños están obligados a adquirir una cantidad específica de seguro de responsabilidad civil
- El perro debe ser esterilizado o castrado
- Los bozales son obligatorios en espacios públicos
- Se deben mostrar señales de advertencia donde vive el perro
- Solo se pueden usar ciertas correas seguras con la raza "peligrosa"
- Licencias especiales que requieren tarifas más costosas
- Prohibición de usar ciertos espacios públicos como parques o playas
- Microchip o tatuaje obligatorio
- Obligación de registrar fotos del perro y del dueño ante las autoridades locales

Además, muchas compañías de seguros se niegan a dar seguro de hogar si tienen alguna de las numerosas razas de "alto riesgo" que aparecen en sus listas prohibidas. Los Pastores Alemanes aparecen frecuentemente en estas listas. Asimismo, muchos propietarios pueden rechazar a posibles inquilinos porque tienen un perro de esta raza.

Es importante que consultes las regulaciones específicas de tu país y localidad, ya que las leyes varían considerablemente entre diferentes regiones. Algunos países tienen listas nacionales de razas consideradas peligrosas, mientras que otros dejan esta decisión a las autoridades locales.

Así que, a estas alturas creo que ya tienes una idea clara. Acabas de descubrir que ser dueño de un Pastor Alemán es un desafío en un nivel completamente diferente. Pensabas que solo tenías que lidiar con un perro terco y obstinado que, si no está bien adiestrado, es lo suficientemente grande como para arrastrarte por toda la manzana sin siquiera sudar. Sin embargo, hay algunas cosas que puedes hacer respecto al "Estigma del Pastor Alemán". Cosas que combatirán el estereotipo y harán la vida mejor para los dueños y los perros mismos. Respira hondo y sigue leyendo.

Combatiendo el estigma

Permíteme plantear una pregunta provocativa. Si te pidiera que nombraras las tres razas de perros más agresivas, ¿qué dirías? Sabemos que algunos perros han sido criados para ser más agresivos. Sí, los Pastores Alemanes pueden tener un alto instinto de ataque, está en su ADN, pero volvamos a la pregunta. Estas son las tres razas más agresivas, según un estudio realizado por investigadores de la Universidad de Pensilvania:

1. Dachshund
2. Chihuahua
3. Jack Russell

Foto cortesía de Mya Milbury

¿Cuál es mi punto? Bueno, como dueños de perros necesitamos educarnos continuamente, para que si te encuentras en una discusión con alguien que no está tan enamorado de tu Pastor Alemán como tú, puedas ayudarles a entender la diferencia entre el mito y la realidad. Cada raza tiene características únicas que son más o menos comunes, pero todos los perros son individuos y

*Foto cortesía de
Anita Conklin*

tienen sus propias personalidades. Tú puedes ayudar a las personas a entender eso. Esa es la primera parte para ayudar a combatir el estigma social que existe sobre los Pastores Alemanes y otros perros de razas poderosas. Aquí está la segunda parte. Necesitas ser el dueño de perros más responsable que existe. Si lo eres, tu perro será el can más obediente, bien socializado y respetado del vecindario.

- Adiestra a tu perro temprano y con frecuencia. La inclinación natural de un Pastor Alemán es buscar tu orientación. Durante su adiestramiento, puedes reforzar la naturaleza del perro para que siempre te esté observando y tomando tus señales. Si están mirándote a ti, preferiblemente observando tus ojos, significa que no están distraídos y es probable que sigan tu dirección. Los Pastores Alemanes quieren complacer y no hay nadie de quien quieran recibir más elogios que de ti.

- Sé efusivo en tus elogios, pero cuando tu Pastor Alemán se salga de la línea, asegúrate de corregirlo cada vez. No le des a nadie una excusa para señalar a tu perro y decir: "¿Ven? Se los dije". Especialmente asegúrate de detener la tendencia a morder y los mordisqueos desde el principio.

- Recuerda que la disciplina y los límites vienen primero, luego el amor y el afecto.

- Cuando estés afuera con tu Pastor Alemán, no tengas miedo de demostrar lo bien educado que está, especialmente en los parques para perros. Si las personas ven a tu perro bajo control, eso contribuye mucho a disipar el Estigma del Pastor Alemán.

- Si las personas se acercan a ti y quieren acariciar a tu Pastor Alemán y hablar sobre la raza, asegúrate de sentirte cómodo con eso. Los Pastores pueden ser distantes y no muy interesados en humanos fuera de su propia manada, así que asegúrate de conocer a tu perro antes de permitir que extraños lo toquen.

- Aunque los perros pueden ser confiables, nunca puedes confiar en ellos al 100%. Cuando se trata de niños, especialmente los hijos de otras personas, nunca los dejes sin supervisión con tu Pastor Alemán. Nunca asumas que tu perro se comportará de cierta manera. Solo porque hayan hecho algo cien veces antes, siempre existe esa pequeña posibilidad.

- Si tienes la oportunidad o el deseo de hacer de tu Pastor Alemán un embajador de su raza, piensa en adiestrar a tu perro para algún tipo de servicio. Los Pastores Alemanes son excelentes perros de trabajo. Imagina las relaciones públicas positivas que se generan cada vez que un Pastor Alemán entra en una residencia de ancianos como perro de terapia. Perro grande, pero también muchas grandes sonrisas.

Como dueño de un Pastor Alemán, siempre tendrás que trabajar un poco más duro que los demás. Si todos hacemos un pequeño esfuerzo para contrarrestar ese estereotipo del "Pastor Alemán grande y malo", tal vez algún día el estigma sea relegado al pasado. De hecho, ahora mismo dejemos atrás toda la discusión sobre el estigma y miremos hacia adelante. Ya tomaste tu decisión. Vas a adquirir un cachorro de Pastor Alemán. Ya sabes más o menos a qué te enfrentas. Ahora hablemos de lo que necesitas hacer para prepararte y dar la bienvenida a tu demandante pequeño en tu hogar. De manera segura.

CAPÍTULO 4
Preparándote

S i tienes hijos, ya conoces parte de lo que se necesitas para preparar la casa y tu hogar para la llegada de un nuevo miembro de la familia. Pero un cachorro de Pastor Alemán es un poco diferente. Incluso a las ocho semanas, que es lo más temprano que deberías traer a tu Pastor Alemán a casa, el olfato es lo que manda.

- La nariz de un perro tiene hasta 300 millones de receptores olfativos.
- La nariz humana tiene apenas 5 millones.

Por eso están tan preocupados por seguir un rastro. También es así como se meten en problemas, especialmente cuando son cachorros. Veamos algunas formas en las que puedes comenzar a mantener seguro a tu cachorro de Pastor Alemán incluso antes de traerlo a casa.

Foto cortesía de Celeste Schmidt Dakonic GSDs

Preparando el Lugar del Cachorro

Una de las cosas que querrás hacer es elegir una habitación en la casa que será el área principal de estancia para tu Pastor Alemán durante el primer tiempo. Necesitarás seleccionar una habitación con un material de suelo que sea fácil de limpiar. Habrá muchos "accidentes" que atender, así que estate preparado. En nuestra casa, el espacio inicial de Cody fue el porche de entrada, que tiene suelos de linóleo de estilo antiguo. Una de las mejores decisiones que tomamos. También instalamos una puerta de seguridad para niños que nos permitió mantener al cachorro confinado en esa habitación. No olvides que esas pequeñas garras rayarán casi cualquier material de suelo, así que no selecciones una habitación con tu preciado suelo de madera; si la madera no estaba desgastada antes, ciertamente lo estará después de que el pequeño haya estado por allí un tiempo.

También querrás asegurarte de tener algunas sillas cómodas en esa habitación porque pasará mucho tiempo allí. Debe haber una puerta en esa habitación que permita acceso inmediato al exterior. Esto facilitará las cosas cuando comiences el entrenamiento para hacer sus necesidades. Los Pastores Alemanes son grandes masticadores y los cachorros no discriminan en su elección de objetos para poner en sus bocas. Por lo tanto, despeja la habitación de cualquier objeto que valores. Retira todos los zapatos, guantes, sombreros, cualquier cosa en la habitación que posiblemente pueda terminar en la boca de tu cachorro. Recuerda, crecerán, y rápidamente, por lo que las cosas que pensabas que estaban fuera de tu alcance a las diez semanas pronto no lo estarán. Tampoco querrás tener alfombras en el suelo por razones obvias.

Con suerte, esa misma habitación es lo suficientemente grande para tener tiempo de juego allí también. Los enchufes eléctricos y los cables eléctricos son otro peligro potencial. Retira los cables del lugar del cachorro y asegúrate de que los enchufes eléctricos estén cubiertos con tapas o protectores de enchufes. Deberás considerar los peligros eléctricos en el resto de tu casa a medida que amplíes el territorio del perro.

La Jaula

Soy partidario del entrenamiento con jaula desde el principio, incluso si no tienes la intención de usarla regularmente cuando tu Pastor Alemán sea mayor. Por lo tanto, debe haber una jaula instalada en el lugar del cachorro. Necesitarás una cama en la jaula para que el pequeño perro se acostumbre a entrar y salir por su cuenta hasta cierto punto. Tú querrás que para él entrar en la jaula sea un placer, no un castigo. La jaula también debe ser donde algunos de sus juguetes se colocarán inicialmente, aunque todos sabemos que no permanecerán allí por mucho tiempo.

Foto cortesía de
Nanc Schutte

Es importante tener recipientes para comida y agua en el lugar del cachorro. Cuando Cody tenía esa edad, comencé con los recipientes de comida y agua en la jaula solo para que entrara y asociara la jaula con una actividad positiva. Retiré los recipientes después de alimentarlo, aunque dejé un plato de agua en la habitación para que pudiera beber cuando lo deseara. Eso sí, cuando Cody fue un poco mayor, esto también le dio un objeto para voltear y derramar en el suelo, pero eso será inevitable en el territorio del cachorro. Recuerda lo que dije sobre el suelo. Se parecerá a una zona de guerra por un tiempo.

Algunos pensamientos finales sobre la jaula. Compramos una jaula "grande" con un divisor para que pudiéramos hacerla de medio tamaño cuando el cachorro era pequeño y luego expandirla a medida que el perro crecía. Bueno, la jaula "grande" no fue lo suficientemente grande, así que ahórrate algunos gastos y opta por la extra grande desde el principio. Un perro adulto debe poder ponerse de pie en su jaula y darse la vuelta cómodamente. Aunque tengo una jaula de lados blandos para viajar, no las recomiendo para uso regular. Siempre he usado una jaula de alambre en la casa que nos ha servido bien.

Un Error Que Cometí

Cuando trajimos a nuestro cachorro de Pastor Alemán a casa, lo pusimos en su jaula esa primera noche en el lugar del cachorro. No me di cuenta en ese momento, pero ahí fue donde cometí un gran error. Pensé que lo tenía todo calculado. Iba a levantarme cada par de horas y llevarlo afuera para hacer sus necesidades. Hubo muchos gemidos y llantos. Es decir, una cantidad tremenda, pero sabía que eso era de esperarse. Esto continuó durante muchas noches. Más de lo necesario. Solo en retrospectiva descubrí, a través de entrenadores con los que trabajé y a través de mis propias lecturas, que el enfoque que había utilizado probablemente fue lo peor que podría haber hecho. Recuerda, tu cachorro acaba de ser separado de su familia. Está en un entorno extraño con personas que no conoce. No es una buena idea ponerlo en solitario y dejarlo aullar. Sí, es posible que tú puedas dormir un poco, pero tu perro pagará el precio más tarde.

Esto es lo que debes considerar. Instala una segunda jaula mucho más pequeña (tamaño cachorro) ya sea en tu dormitorio o justo fuera de la puerta del dormitorio para que tu nuevo Pastor Alemán sepa que tú estás cerca. Podrá olerte. Todavía habrá un alboroto nocturno, pero eso disminuirá gradualmente y luego podrás hacer la transición del cachorro al lugar del cachorro para las noches eventualmente. Tener al perro cerca también ayuda a entender cuándo podría tener que salir para hacer sus necesidades. Créeme, es una situación en la que todos ganan. Si un nuevo cachorro se deja solo, especialmente por la noche, y especialmente cuando llega a casa por primera vez, experimentará una ansiedad tan intensa que puede resultar en un comportamiento problemático más adelante. Así que cuenta con dormir un poco menos pero tener un perro más saludable al final. Definitivamente vale la pena.

Peligros Domésticos

La cocina y quizás el cuarto de lavado pueden ser dos de las áreas de mayor peligro potencial para tu Pastor Alemán. Todos esos armarios inferiores que pueden contener productos de limpieza, jabón para la ropa o incluso venenos para el control de plagas deben asegurarse con cerrojos a prueba de niños. Mueve cualquier cosa como especias, dulces y suministros para hornear a un nivel superior para que la tentación no esté allí para el cachorro. Seguirán sus narices y cuando son tan jóvenes, lo que encuentran por el olfato finalmente va a sus bocas si es posible. ¿La basura? ¿Mencioné la basura? Ahí está esa cosa del olor nuevamente. Acostúmbrate a asegurarte de que tu basura esté empaquetada y almacenada en un área segura. Simplemente ponerla afuera no es la solución.

Deberás recorrer el resto de la casa y estar vigilante. En los baños, deberás asegurarte de que no haya acceso a cosas como medicamentos, jabones, maquillaje y productos de higiene personal. En la sala de estar, sala familiar y otras áreas comunes, asegúrate de que no haya cables de cargadores de teléfonos celulares (o los teléfonos mismos) disponibles para ser mordidos. Esas pequeñas linternas enchufables deben retirarse de los enchufes eléctricos. Los bolígrafos, marcadores, tijeras y otros objetos afilados también son peligros de ingestión. Las cosas frágiles como jarrones y obras de arte deben colocarse bien fuera del camino. Los perros pueden saltar y no siempre prestan atención a dónde están moviendo sus colas. Las plantas de interior se vuelcan fácilmente y, en algunos casos, se consumen. Muchas favoritas del hogar son tóxicas para los perros. Aquí hay una breve lista de plantas de interior comunes que es mejor evitar.

1. Planta de Áloe
2. Jade
3. Ciclamen
4. Dracena
5. Muchas variedades de Lirios
6. Ficus Benjamina
7. Gardenia
8. Geranio
9. Schefflera
10. Adelfa

Recuerda que esa es solo la lista corta. A medida que tu cachorro de Pastor Alemán crezca y muestre menos interés en la botánica, puede ser posible traer de vuelta algunas de tus favoritas. Algunos perros son disuadidos por un spray diluido de jugo de limón y agua en la planta. En nuestra casa, descubrimos que era más simple decir adiós a la vegetación durante ese período.

Protección de la Propiedad para el Cachorro

"Asegúrate de que tu patio esté seguro con una cerca de 2,5 metros con cerraduras en todas las puertas. Solo les tomará un par de días descubrir cómo salir del patio. Una vez que lo hagan, se convertirá en algo cotidiano".

Joyce Colburn
Hawaii German Shepherds

Así como has tenido que modificar tus arreglos de vivienda en el interior, debes evaluar tu propiedad y preparar tu exterior para el cachorro. ¿Tienes un patio cercado con una puerta segura? Genial, estás adelantado en el juego. Solo haz una doble verificación de los tablones para asegurarte de que estén seguros y también revisa las áreas donde Flash podría ser capaz de escapar. Una vez que se hacen un poco mayores, pueden ser excavadores habituales, así que es mejor acostumbrarse a disuadir y protegerse contra ese mal hábito. Al mismo tiempo, podrías considerar si tu cerca es lo suficientemente alta. Se recomienda una cerca de 1,8 metros porque incluso el perro mejor comportado puede sentirse tentado a abandonar el patio con el incentivo adecuado.

Deberás guardar las cosas que puedes haberte acostumbrado a dejar tiradas. Eso incluye todas tus herramientas de jardinería, incluidos los guantes. No sé cuánto tiempo he perdido

Foto cortesía de Tricia Ansell

persiguiendo a Cody por el patio, con el perro luciendo una gran sonrisa con un guante firmemente sujeto en su boca y el significado de "suelta" habiendo volado completamente de su cabeza. Una vez más, cualquier producto químico como insecticidas, aceite latente y fertilizantes deben estar bajo llave. En el mejor de los casos, el cachorro podría no consumir ninguno de esos materiales, pero seguramente puede hacer un desastre en la propiedad y en sí mismo. Los cojines de las sillas de jardín no durarán mucho si se dejan tirados. Si tienes una piscina, deberás asegurarte de que el cachorro no tenga acceso. Tenemos una cerca alrededor de nuestra piscina y a Cody solo recientemente se le ha dado libertad para pasear por el área de la piscina a la avanzada edad de cuatro años.

Algo de preocupación muy práctica es elegir dónde tu perro hará sus necesidades. Entrenarlo para que haga sus necesidades en un área específica facilitará mucho la limpieza y será mucho menos sorpresivo.

Algo de creciente preocupación es la prevalencia de garrapatas que transmiten la enfermedad de Lyme. Si tienes una propiedad grande o rural, tiene sentido mantener cortada regularmente la mayor cantidad de césped que puedas manejar. A las garrapatas les gusta pasar el tiempo en hierba más larga, solo esperando para adherirse a cualquier cosa que pase. Estos insectos astutos solían ser principalmente un problema rural, pero ahora se encuentran con más frecuencia en áreas urbanas. Es una razón más para mantener un patio ordenado.

Luego hay algunas plantas de exterior que son un problema para los Pastores Alemanes. La siguiente lista contiene vegetación que es venenosa para los perros. Por ejemplo, un solo frijol de la planta de Ricino es suficiente para resultar fatal para un Pastor Alemán.

1. Azalea
2. Narciso
3. Tulipán
4. Ricino
5. Dedalera
6. Lirio del Valle
7. Hosta
8. Campanilla
9. Muchas Hiedras
10. Clemátide

Otra planta que mencionaré que es tóxica para los perros es la marihuana. En el último recuento, la marihuana medicinal es legal en veintinueve estados, y la marihuana recreativa es legal en nueve estados. Probablemente se volverá más común. Ya sea que esté creciendo al aire libre o sentada en un cajón o armario como comestible, representa una amenaza para tu Pastor Alemán. Recuerda, con su poderosa nariz, el sabrá que está allí. Entonces, si tienes marihuana en la casa en cualquier forma, guárdala bajo llave para que tu cachorro no pueda acceder a ella. Si la cultivas afuera, ¿qué tal rosas en su lugar? Tu Pastor Alemán te lo agradecerá.

Preparando a los Niños y Otras Mascotas

Una de las mejores cosas que puedes hacer antes de traer a tu cachorro a casa es hablar sobre la nueva rutina en la que todos tendrán que entrar. Como las tareas del perro. ¿Quién la alimentará? ¿Cómo obtendrá su ejercicio? ¿Qué hay de los baños? Y no olvides la patrulla de caca. No todos pueden ser trabajos glamorosos, pero todos tienen que colaborar. Todos querían un cachorro, ¿verdad? Lo importante que hay que destacar es que esto no es algo que se hace por un día y si no te gusta, lo dejas. Este es el hogar para siempre del perro. Eso significa que tienes que cuidarlo mientras viva. Recordar a todos en el hogar que tu cachorro de Pastor Alemán depende de ellos y que todos son responsables de mantenerlo seguro es importante.

Si ya tienes otro perro en la casa, recuerda que tienen sus rutinas y expectativas, por lo que es importante mantenerlas cuando el nuevo cachorro llegue a casa. Debes asegurarte de mantener el nivel de atención humana para el primer perro y asegurarte de que continúen teniendo su propio espacio y cosas. Cuando el cachorro llegue a casa, asegúrate de que se conozcan en algún territorio neutral, afuera si el clima lo permite. La consigna aquí sería gradual. Un poco de exposición a la vez mientras los dos perros resuelven las cosas. No toleres ningún mal comportamiento, pero deja que el perro mayor tome la iniciativa y establezca el ritmo.

Si hay un gato residente en tu casa, necesitas formular un plan de introducción especial para el Sr. Pastor Alemán y el intrépido felino. Las palabras clave en este escenario serían paciencia y más paciencia. Al menos al principio, no los dejes conocerse. Solo deja que los animales se acostumbren al olor del otro. El primer cara a

Foto cortesía de Makenzi Hall

cara debe tener lugar en un área donde el cachorro esté con correa y el gatito, aunque libre para deambular por la habitación, no pueda abandonar el área por completo. Se pueden repetir variaciones de este proceso hasta que veas cómo se está desarrollando la relación. Pueden aprender a tolerarse, pueden convertirse en amigos. Eso dependerá enteramente de ellos. Tú solo tienes que darles una oportunidad justa para resolver las cosas.

A medida que este capítulo llega a su fin, casi olvidé algo muy importante. Necesitas elegir el mejor nombre del mundo para tu perro. Me gustan Axel y Jaeger si es macho. Heidi o Zelda si es hembra. Solo digo.

A continuación, hablaremos sobre dar el gran paso. El día que traigas a tu cachorro de Pastor Alemán a casa será un momento de altas emociones, objetivos en movimiento y poco sueño. Sobrevivir a los primeros días con tu cordura intacta se trata de estar preparado y crear rutinas que todos puedan anticipar y en las que puedan participar. ¿Mencioné que no dormirás mucho?

CAPÍTULO 5
El Regreso a Casa

El día que fuimos a recoger a nuestro GSP, Cody, tuve un nudo en la garganta durante todo el día. Habíamos hecho nuestros preparativos en toda la casa y yo había leído múltiples libros sobre la crianza de cachorros, pero las emociones estaban a flor de piel. Por lo tanto, probablemente ese será también tu caso. Especialmente si hay niños involucrados. Lo que no debes perder de vista es el plan que has elaborado y del que has hablado con todos los miembros de la familia. En la emoción de tener tu nuevo GSP, todos podrían estar inclinados a improvisar durante los primeros días. Necesitarás estar preparado para improvisar un poco al establecer patrones de vida y cómo tu nuevo cachorro se adaptará a las cosas, pero si olvidas todo lo demás en esos primeros días, re-

Foto cortesía de
Brent Ferguson

cuerda esto: estás comenzando a establecer patrones de por vida para tu cachorro. Asegúrate de empezar con el pie derecho.

Antes de salir del criadero, asegúrate de tener varias cosas en mano y varias piezas de información en tu cabeza.

- El criador debe proporcionarte documentación relacionada con tu cachorro. Esto debe incluir el registro que muestre quiénes son la madre (dam) y el padre (sire). Además, es posible que a tu cachorro se le haya dado un nombre "oficial" para fines de registro. Tú no estás obligado a usar ese nombre para tu perro en su vida real. El criador también puede incluir el pedigrí de tu cachorro, que muestra tu árbol genealógico.

- El criador también debe proporcionar documentación que muestre qué vacunas ha recibido el pequeño y qué desparasitación se ha realizado. Si no hay un registro escrito, asegúrate de obtener esa información del criador y anótala tú mismo. Necesitarás esa información cuando vayas al veterinario para la primera visita.

- Solo un recordatorio, tú deberías haber tenido conversaciones con el criador sobre cualquier enfermedad genética que se haya asociado con los Pastores Alemanes. Como mínimo, debes recibir por parte del criador la afirmación de que que los padres de tu cachorro están libres de Displasia y DM (Mielopatía Degenerativa). Si hay documentación que lo confirme, asegúrate de tener una copia.

- Tu criador debe proporcionarte una muestra del alimento que tu GSP ha estado comiendo para que no haya un cambio dietético abrupto cuando lo lleves a casa. Puedes consultar con tu veterinario sobre la elección de alimento adecuada más adelante.

- Otra cosa que será reconfortante para tu cachorro es un pequeño juguete que tenga el olor de su madre y compañeros de camada. También, una toalla o manta pequeña con el olor de su madre es algo bueno para tener contigo, no solo para el viaje a casa sino para las primeras semanas o más. Todavía tengo el hueso de peluche naranja que Cody trajo a casa con él ese primer día. Ahora tiene cinco años y todavía lo saca de vez en cuando y lo olfatea. Recuerdos del hogar, supongo.

Rumbo a Casa

Es hora de ponerse en marcha. Asegúrate de que tu cachorro haya tenido la oportunidad de vaciar sus tanques antes de subir al coche. Déjelo caminar un poco y hacer sus necesidades tanto como sea posible. Si

*Foto cortesía de
Laura Hernandez*

tienes un largo viaje por delante, debe haber más paradas en el camino. Aquí hay una información crucial para recordar: hasta que los cachorros hayan recibido sus vacunas finales, son susceptibles a una variedad de enfermedades. Más sobre esto más adelante, pero cuando te detengas con tu cachorro en el camino a casa, hazlo en áreas menos frecuentadas y ciertamente donde sea poco probable que otros perros hayan hecho sus necesidades . Con suerte, tienes miembros de la familia que te acompañan para que uno de ellos pueda sostener al cachorro en su regazo durante el viaje a casa. Tú quieres hacer que el viaje en coche sea lo menos traumático posible para tu GSP. Recuerda, habrá muchos viajes en coche en el futuro y quieres que "ir a dar un paseo" sea divertido, no un castigo.

La Primera Noche

"Espera muchos lloriqueos y una tendencia a retroceder ante situaciones nuevas e intimidantes hasta que el cachorro se sienta cómodo. Cuanto más vean dentro de las primeras 14 semanas, en mejor perro se convertirán".

November Holley
Harrison K-9

Vaya, ya estás en casa. No hubo demasiado llanto y lloriqueo en el camino, ¿verdad? Ahora es el primer día del resto de sus vidas. Para tu cachorro de Pastor Alemán, es un comienzo completamente nuevo, y el no reconoce nada de su entorno. Imagínate, un minuto está con la manada y mamá. Al minuto siguiente está con un grupo de humanos extraños. Bastante abrupto, ¿no crees? Por lo tanto, necesitas darle un poco de margen a tu cachorro de Pastor Alemán. Y armarte de paciencia. Necesitarás tener abundancia de eso.

Tú sabes que tienes la habitación del cachorro preparada, pero probablemente necesites hacer algo de socialización inicial a su llegada. Especialmente si hay niños involucrados, querrán tener algo de tiempo para interactuar. Solo no dejes que nadie se emocione demasiado y, sobre todo, no dejes que el cachorro se excite demasiado. Ten una correa a mano en caso de que necesites calmar un poco a Tiger. Es casi seguro que será masticador y mordedor, así que ten algunos de sus juguetes a mano. Cuando comience a morder, distráelo y desvía su atención hacia un juguete. Recordar distraer y desviar es un enfoque para toda la vida que puede ser un salvavidas. Todavía tengo todos mis dedos y puedo dar fe de ello.

Todos sentados en el suelo y dejando que la pequeña Heidi camine alrededor con todos tocándola y hablándole es probablemente una buena idea. Es un momento de vinculación. No solo para tu GSD, sino que es el comienzo de un apego emocional para todos los miembros de la familia. Lo creas o no, incluso cuando tu perro sea adulto, todavía lo mirarás de vez en cuando y verás al pequeño cachorro que era. Este es el comienzo de amar a tu perro. Nadie tiene que enseñar eso, solo tienes que dejar que todos lo hagan. A su manera.

Hora de Dormir

Los cachorros tienen muchos instintos naturales. Uno de ellos es aullar y lloriquear para llamar la atención. Así que, cuando llega la hora de dormir esa primera noche y durante muchas noches después, debes esperar un alboroto rutinario. Si reflexionas sobre el capítulo anterior, recordarás que sugerí colocar una jaula pequeña en tu dormitorio o cerca del dormitorio. Algunos dueños de perros con los que he hablado dicen que colocan la jaula cerca de la cama y cada vez que el cachorro lloraba, ponían la mano cerca del perro para que su olor fuera fuerte y el cachorro supiera que no estaba solo. En estos primeros días, es importante mostrarle a tu GSP que tú estás cuidando de el y que te preocupas.

Foto cortesía de
Tiffany Porter

Eso ayudará con el proceso gradual de vinculación y, en última instancia, creará un perro sano y feliz.

Suministros para Mascotas

No es necesario salir y comprar todo lo que crees que tu perro podría necesitar en su vida desde el principio. Pero es importante tener algunos elementos esenciales a mano cuando traigas a tu cachorro a casa que van a hacer la vida un poco más simple. Asegúrate de tener un suministro del alimento que el criador le estaba dando a tu cachorro. Eso te dará tiempo, quizás en consulta con tu veterinario, para decidir qué dieta es mejor para tu perro. Necesitas leer sobre los pros y contras de varias dietas y tomar algunas decisiones.

Los recipientes para comida y agua deben ser lo suficientemente pesados para que tu cachorro no pueda voltearlos de inmediato. Esa etapa llegará con el tiempo y necesitarás prepararte para ella, pero recipientes resistentes y sustanciales que soportarán horas de abuso se convertirán en parte del escenario. No alimento a Cody afuera muy a menudo, pero tengo varios recipients con agua alrededor de la propiedad para que pueda tomar un descanso y beber dependiendo de dónde estemos. Puedes decidir tener un conjunto de recipientes exteriores para tu cachorro si pasas mucho tiempo en el patio trasero, por ejemplo.

Hemos hablado de jaulas, pero también puedes querer comprar una o dos puertas para niños que te darán la capacidad de restringir a tu cachorro de Pastor Alemán a ciertas habitaciones. La que yo uso es de metal con barras, una puerta con paso, y puede expandirse para adaptarse a cualquier marco de puerta. También tiene un pestillo de bloqueo que no permite que las narices caninas la abran.

Tu GSP necesitará varios collares. Tengo uno de secado rápido a mano que Cody usa cuando va a la playa. También tenemos unos más resistentes que se pueden usar con una correa. Eso sin mencionar los diversos festivos que podría adquirir junto con aquellos que tienen los logotipos de tu equipo deportivo favorito. Pronto descubrirás que hay infinitas formas de gastar dinero en tu perro, si no lo has hecho ya. Los collares deben tener hebillas para que puedan redimensionarse a medida que tu cachorro crece y también tener anillos metálicos para colocar etiquetas de licencia de perro, etiquetas de vacunación y una etiqueta de identificación. La etiqueta de identificación debe tener el nombre de tu cachorro, tu nombre y tu número de teléfono. Querrás asegurarte de que los collares tengan un ajuste ceñido pero con un poco de holgura

para que cuando tu GSP se enganche en un arbusto o rama, se desprenda con un poco de esfuerzo.

Varias correas también deben estar en tu inventario. Hay muchas razones para no comprar correas extensibles o retráctiles y ciertamente no para una raza grande como un Pastor Alemán, así que seré franco al respecto. No desperdicies tu dinero en ellas. Debes comprar correas de cuero o nylon en longitudes de cuatro o seis pies. No correas de cadena. Demasiado duras para las manos y quizás peligrosas para tu perro.

Y juguetes, muchos juguetes que serán masticados hasta que no puedan soportarlo más. Tenemos una enfermería de juguetes en nuestra casa donde los juguetes van a ser rehabilitados si es posible. Muchos desafortunadamente no pueden ser salvados, por lo que el presupuesto para juguetes siempre está en un estado de cambio y siempre funcionando en números rojos. Los juguetes que esconden golosinas también son una excelente manera para que tu perro pase el tiempo. Mi perro, Cody, tiene lo que llamamos su hueso de mantequilla de maní. Es un hueso de juguete de goma con agujeros en ambos extremos donde se pueden colocar gotas de mantequilla de maní, que te hará escuchar a tu perro lamiendo y chupando durante unos veinte minutos más o menos.

Luego están los suministros de aseo. Si no has visto las bromas sobre el "German Shedder" (Pastor Alemán que muda) sobre cuánto mudan los GSDs, pronto lo harás. Se requieren cepillos con cerdas fuertes para el doble pelaje de tu perro. Si aprendes a cortar las uñas de tu perro, te ahorrarás mucho dinero, por lo que es mejor adquirir un simple par de cortaúñas tipo tijera. Algunos otros artículos en tu lista de compras:

- Muchas bolsas de plástico para excrementos
- Recogedor de excrementos
- Suministros de limpieza (asegúrate de que lo que uses sea seguro para cachorros)

Visitas al Veterinario

Necesitas formar una relación con un veterinario confiable muy temprano. Tu criador incluso puede haber estipulado que el cachorro necesita ver a un veterinario poco después de llegar a tu hogar. Eso en realidad protege al criador y a ti. Si el cachorro no está sano, lo descubrirás de inmediato. Entonces tú y tu criador pueden decidir un curso de acción. Los criadores responsables recibirán los cachorros no saludables y te reembolsarán tu dinero, o trabajarán contigopara lograr la satisfacción. Cuanto más tiempo esté el cachorro contigo, más apego emocional hay. Pase lo que pase, una visita temprana al veterinario definitivamente debe estar en los planes.

Hay varias formas de decidir qué veterinario es mejor para ti. La proximidad es ciertamente una consideración, pero la reputación de boca en boca es probablemente una de las mejores formas de ayudarte a decidir. Una vez que tengas un nombre o dos que estés considerando, haz una visita y haz algunas preguntas. Mientras estés allí, verifica qué tan limpias parecen ser las instalaciones. Siempre presto atención a la actitud del personal. Si te hacen sentir bienvenido y parecen preocuparse genuinamente, eso ayuda mucho. Tómate el tiempo para charlar con un cliente o dos sobre tus experiencias y cuánto tiempo han estado viniendo a la ubicación. Las clínicas ocupadas pueden ser un signo de satisfacción del cliente, así que no te desanimes por el volumen de clientes. Las horas de operación son una consideración importante y si ofrecen servicios de emergencia, eso es una gran ventaja. Habrá al menos una o dos visitas de "emergencia" en la carrera de tu mascota, por lo que si conoces a las personas y puedes llegar allí rápidamente, todos se sentirán mejor al respecto.

Manos a la Obra

La primera visita al veterinario será una experiencia de aprendizaje para todos los involucrados. Tu cachorro obtiene una primera muestra del mundo exterior y posiblemente otros perros (y gatos) en la oficina del veterinario. Tú podrás ver cómo necesitas tratar con tu cachorro de Pastor Alemán en términos de agresividad o timidez. Algunos cachorros simplemente se lanzan al mundo y aceptan lo que sea que venga. Otros perros menos extrovertidos pueden tener que ser persuadidos para hacer las cosas.

Uno de los consejos que aprendí temprano fue no fomentar el miedo o la preocupación, especialmente a medida que los cachorros maduran. Si un cachorro está preocupado por algo y exhibiendo lo preocupado que está, no es una buena idea acariciar al perro y tratar de tranquilizarlo. Si lo haces, inadvertidamente estás enviando señales a tu perro de que está bien estar preocupado e incluso reaccionar mal. Una vez más, lo mejor que puedes hacer es "distraer y desviar". Eso podría ser con un juguete favorito o una golosina. Al igual que con un niño pequeño, si ocupas la mente del cachorro con otra experiencia, se olvida de preocuparse.

Esta visita inicial es como muchas primeras cosas en la vida temprana de tu cachorro de Pastor Alemán. Si la experiencia es divertida y hay poco o ningún dolor involucrado, tu cachorro no tendrá ninguna mala asociación con la visita al veterinario. He visto perros adultos siendo arrastrados o cargados, pateando y gritando, a la oficina del veterinario. Tú no quieres ser uno de esos dueños tratando de persuadir a un GSD de ochenta y cinco libras (38,5 kg) a través de la puerta de la oficina. Es realmente difícil para ti y tu perro, así que haz todo lo posible para dirigir el proceso en la dirección correcta desde el principio. Te ahorrarás una vida de preocupación y miedo tanto tú como, más importante aún, tu Pastor Alemán.

Los Detalles Importantes

Otro consejo para recordar. Tu GSP es demasiado joven para tener inmunidad completa para resistir muchas de las enfermedades que acechan por ahí. La mayoría de las oficinas veterinarias hacen un buen trabajo asegurándose de que el área del piso esté limpia, pero como dicen, "los accidentes ocurren", así que asegúrate de llevar a tu cachorro en brazos a la oficina y mantenerlo en tu regazo hasta que estés en la sala de examen. Más vale prevenir que lamentar.

El veterinario revisará una lista de verificación de rutina con tu cachorro. Estará buscando establecer la salud general de tu perro y también ver si hay signos externos de defectos congénitos. Tu veterinario es tu socio en el cuidado de tu perro, así que siempre trato de recordar que son un amigo y solo están tratando de ayudar. Esto es lo que sucederá durante ese primer examen.

- Los ojos y oídos de tu GSP serán inspeccionados.

- Los dientes, la lengua, las encías y la garganta recibirán algo de escrutinio. El rosado debería ser la orden del día. Pueden estar presentes manchas negras que no son motivo de preocupación.

- Tu veterinario sacará un estetoscopio y escuchará el corazón de tu cachorro y también verificará sus pulmones para asegurarte de que la respiración sea sin esfuerzo y los pulmones estén despejados.

- Tu cachorro será pesado en esta y en cada visita posterior. El peso de un perro es un muy buen indicador de salud. Se verificará si está demasiado pesado o demasiado delgado y recomendar una dieta diferente.

- El veterinario hará mucho contacto y palpación, especialmente en el área abdominal de tu cachorro,á buscando cualquier signo de sensibilidad que pueda indicar un problema. Se revisarán los dedos de los pies, las uñas, las patas y el área anal.

- Tu cachorro será examinado mientras camina para asegurarse de que el andar sea normal sin signos de cojera o dolor.

- Durante el examen, haz todas las preguntas que se te ocurran. Recuerda, tienes un experto a tu disposición, así que aprovecha el tiempo. Asegúrate de proporcionar al veterinario cualquier documentación o información sobre tu cachorro de Pastor Alemán que el criador te haya dado.

- Dependiendo de la edad del cachorro, pueden ser necesarias vacunas. Estas realmente no lastiman atu perro, pero es posible que desees proporcionar una golosina o un juguete para que mastique cuando se esté usando la aguja.

Después de que termine el examen, asegúrate de estar programado para las vacunas adicionales que tu cachorro requiere. Hay una serie de vacunas recomendadas, así como vacunas opcionales o "no esenciales". Una opcional a considerar en algún momento es la vacuna contra Bordetella, o "tos de las perreras". Muchas perreras tienen esto como un requisito antes de aceptar a tu perro.

Entrenando al Pequeño

"Algo que la mayoría de las personas no parece darse cuenta es que puedes comenzar a entrenar desde el primer día. Son inteligentes y te sorprenderán con lo mucho que pueden aprender desde el principio. Este es un momento crucial para comenzar a sentar las bases para los comportamientos que deseas ver en ellos como adultos".

Celeste Schmidt
Dakonic German Shepherds

El entrenamiento con tu GSD no es una opción. Es una necesidad. Los perros no se vuelven repentinamente bien educados socialmente y obedientes de la noche a la mañana y por ósmosis. Tienes que pasar tiempo con ellos, ya sea uno a uno o en clases grupales. Ambos son beneficiosos. Si tienes la suerte de tener varias organizaciones que ofrecen instrucción grupal, una de las cosas a tener en cuenta sería preguntar si ofrecen clases específicamente para razas grandes. De esa manera podrías evitar la incómoda situación de clase grupal que describí en el Capítulo 3.

Clase para Cachorros

La primera exposición de tu cachorro a sus compañeros probablemente debería ser a través de una clase para cachorros. Esta unión grupal tiene tanto que ver con la socialización como con el entrenamiento, pero definitivamente vale la pena. La mayoría de las personas que tienen perros estarán de acuerdo en que los primeros cuatro meses de la vida de tu cachorro de Pastor Alemán es el momento en que son más impresionables. Por lo tanto, es el momento ideal para comenzar su educación. Las clases para cachorros pueden tratar todo, desde algunos de los problemas en los que estás trabajando en casa, como el entrenamiento para ir al baño y consejos de entrenamiento con jaula, hasta familiarizar a Fritz con personas uniformadas. Tu GSP también pasará tiempo alrededor de otros cachorros, lo cual es invaluable. También es una buena experiencia para ti. Puedes hablar con otros dueños y compartir historias y consejos. Tal vez también puedas reírte un poco. La socialización y el entrenamiento de perros a veces parecen ser abrumadoramente serios. Aprende a relajarte un poco y te sentirás renovado y recargado, listo para abordar la próxima lección.

Consejo médico:
> ➤ Durante este tiempo en la vida de tu cachorro, mientras está siendo vacunado y adquiriendo su inmunidad completa, es importante limitar su exposición a lugares y otros animales que podrían transmitirle algo. Asegúrate de que la organización que ofrece las clases para cachorros a las que asistes requiera que todos los perros participen en un programa de vacunación. Los organizadores de la clase deben tener un protocolo de higiene estricto que requiera una limpieza exhaustiva de las áreas de uso en clase grupal. Durante esos primeros meses de vida de tu cachorro, los beneficios de la socialización superan los riesgos mínimos de infección en el gran mundo exterior.

¿Arruinando el Presupuesto?

Con suerte, los gastos del primer año asociados con tu nuevo mejor amigo no arruinarán tu presupuesto, pero necesitas elaborar algún tipo de presupuesto general. Recuerda que puedes gastar tanto como quieras, pero hay una cantidad mínima que va a ser esencial. La ASPCA estima que el primer año de un cachorro de raza grande te costará en promedio más de mil ochocientos dólares, lo que no incluye el costo inicial de compra. Desglosemos algunos de esos costos.

Foto cortesía de Hannah Wynd

Costo Inicial de Compra del Cachorro

Si estás comprando un GSP de raza pura en los Estados Unidos, la cantidad que pague variará. Además, lo que pretendes hacer con tu cachorro afectará el precio. Si estás buscando un perro de alta motivación que debería sobresalir en obediencia y protección, podría empezar de cinco mil dólares hacia arriba. ¿Buscas un perro de familia y compañero personal? Ese precio probablemente comenzaría en unos mil dólares más moderados y subiría desde allí.

Costos Veterinarios/Médicos

La Asociación Americana de Productos para Mascotas estima que los dueños de mascotas en los EE. UU. gastaron más de dieciséis mil millones de dólares en atención veterinaria en 2017. Eso suena como una cantidad asombrosa y lo es, pero recuerda que la sofisticación de la tecnología y los medicamentos en el mundo de las mascotas ha mantenido el ritmo con su contraparte humana. Aquí hay algunos ejemplos de cómo podrían verse los costos individuales.

- El cargo básico por una visita al veterinario comienza en unos cincuenta dólares. Si agregas vacunas, eso puede añadir veinte dólares por inyección.

- Los costos de esterilización/castración de doscientos dólares o más no son infrecuentes.

- Los perros más grandes como los Pastores Alemanes costarán más al ser tratados porque se necesita más medicación, por ejemplo.

- Un cargo por visita veterinaria de emergencia puede promediar más de cien dólares. Eso no incluye cosas como análisis de sangre y radiografías. Agrega varios cientos de dólares para esos procedimientos. Si tu perro necesita cirugía de emergencia, eso puede costar miles de dólares.

Creo que entiendes la imagen y puedes ver que el seguro para mascotas es muy atractivo.

Seguro para Mascotas

Las primas del seguro para mascotas variarán dependiendo de la edad de tu perro al inscribirse, tu deducible y los servicios médicos cubiertos por el tipo de seguro que compres. El rango que estás buscando generalmente sería primas mensuales que van desde veinticinco hasta setenta dólares.

Alimentos y Golosinas

Todos los costos que estoy detallando variarán, y así es con la comida y las golosinas. Si tu perro es básicamente un comedor de croquetas secas (personalmente no conozco a muchos de esos), tu presupuesto para alimentos será bastante básico. Si comienzas a agregar algo de comida enlatada, húmeda, los costos comienzan a aumentar. Si alimentas a tu perro con una dieta cruda, eso puede ser muy costoso a menos que proceses la mayor parte de la carne tú mismo. Promediemos tu factura de alimentos comenzando en unos setenta dólares al mes.

Jaulas y Elementos Básicos

Espera gastar cien dólares o más en una jaula extra grande. Los collares de buena calidad costarán veinte dólares. También podrías comprar correas resistentes para comenzar porque eventualmente tendrás un perro de treinta y seis kilogramos en el otro extremo, así que reserva treinta dólares por correa en tu presupuesto. La puerta para mascotas con paso que yo uso cuesta unos cuarenta dólares.

Juguetes

Aquí puedes ser discreto. A Cody siempre le ha gustado masticar y destrozar palos o ramas y aquí en el campo esos son gratis. Pero también tiene muchos juguetes con sonido y pelotas. Cada uno de esos puede costar ocho dólares, por lo que se suman rápidamente. También descubrí que con un perro más joven compraba más juguetes. Ahora con un GSD "maduro" compro menos, pero juguetes de mejor calidad. Si sobreviven los primeros días, sé que estarán por aquí por un tiempo.

Entrenamiento

Las clases grupales serán las más asequibles, pero aún costarán en el rango de ciento cincuenta dólares por una sesión de seis semanas. Si continúas en entrenamiento especializado, espera gastar, por ejemplo, tres mil dólares para un curso de protección personal.

Aseo

Puedes hacer gran parte del aseo tú mismo. Si lo mantienes diaria y semanalmente, entonces las visitas a un peluquero no necesitan tener lugar. Recuerda, los GSDs no necesitan baños frecuentes a menos que se ensucien absolutamente o encuentren un zorrillo. Las uñas las puedes cortar en casa. Mi perro, Cody, es cepillado todas las noches, por lo que nunca se convierte en un lío enredado, lo que su pelaje denso tendería a ser. Si vas a un peluquero, podrías pagar hasta noventa dólares por sesión si vas con poca frecuencia. No olvides cepillar los dientes de tu perro. Les encanta la pasta de dientes con sabor a mantequilla de maní.

Guardería/Paseo de Perros

La guardería para perros puede costar unos cuarenta dólares al día. Para el paseo de perros, probablemente estés buscando unos veinte dólares por paseo.

Hemos llegado a la etapa en la que tu perro comenzará a crecer como maleza físicamente. También está teniendo lugar un proceso de maduración mental. Como dueño responsable, necesitas estar al tanto de la evolución de tu Pastor Alemán para asegurarte de que se convierta en el perro sociable, responsable y obediente que necesita ser. Ahora es cuando necesitas invertir tiempo desde el principio para lidiar con muchos de los hábitos molestos como masticar y cavar que pueden salirse de control si no los frena.

Recuerdo que mi Pastor Alemán, Cody, cuando era cachorro tenía el hábito molesto de recoger piedras y masticarlas. Tuve que estar atento y cada vez que recogía una piedra, se la quitaba y le decía que no. Tenía sueños sobre Cody masticando piedras. Si salía a caminar con mi esposa y el perro, siempre le decía: "¿Acaba de recoger una piedra?" Si mi cachorro podía ser persistente en masticar piedras, yo podía ser igual de persistente en quitárselas. Sí, el comportamiento puede durar meses, pero puedes ganar al final. Veamos algunas de esas cosas con las que necesitarás lidiar desde el principio para no tener un delincuente juvenil canino más adelante en la vida.

CAPÍTULO 6
Ser un orgulloso padre de un cachorro

Foto cortesía de
Morgan Hill

Permíteme comenzar este capítulo con una historia personal. Mi Pastor Alemán, Cody, nunca ha estado motivado por las golosinas. Me di cuenta de eso al principio de mi carrera como padre de perro. Por lo tanto, tuve que descifrar qué lo motivaba a hacer las cosas que yo quería que hiciera, pero que él mayormente tenía poco o ningún interés en lograr. Cuando era cachorro, una de las primeras cosas que quería que Cody aprendiera era venir hacia mí cuando lo llamaba. Los adiestradores lo llaman "llamada" o, dependiendo de qué tan bien se realice, "llamada sólida". Suena bastante simple, pero intenta decirle a un pequeño de doce semanas que solo quiere olfatear cosas y meterse piedras en la boca que debería venir cuando se le pide. A medida que pasaban los días con un éxito mínimo o nulo, descubrí que le gustaba perseguirme y ciertamente le encantaba ser perseguido. Entonces, yo decía "Ven" y corría alejándome de él, y cuando me alcanzaba, siempre lo acariciaba y le decía qué buen chico era. Para Cody era, y sigue siendo, todo sobre el juego y el refuerzo positivo que recibe cuando hace algo que le pido.

Esa es mi manera extensa de decirte que en tu carrera como padre de cachorro, tu enfoque debe estar en el refuerzo positivo del comportamiento de tu Pastor Alemán. El refuerzo negativo, o castigo, solo enseña a tu perro a modificar el comportamiento por miedo. No conozco a nadie que disfrute ver a un perro temeroso, acobardado por un error. La vida es demasiado corta. Por lo tanto, el refuerzo positivo debe ser la base de todo lo que tú y tu perro logren. No será fácil. Y recuerda, si quieres gritarle a alguien, busca un espejo.

La controversia de la jaula

Entra en cualquier grupo de Pastores Alemanes en Facebook u otras redes sociales y pregunta si deberías entrenar a tu GSD con jaula, y luego apártate. Habrá una avalancha atronadora de defensores de las jaulas y una igual andanada de opositores. Las personas que no apoyan el entrenamiento con jaula dirán que el confinamiento es cruel y que nunca permitirán que sus perros estén encerrados en una jaula. Aquellos que apoyan el uso de una jaula dicen que el entrenamiento con jaula es solo una herramienta y que, de hecho, puede darle al perro una sensación de seguridad.

Aquí es donde el concepto de refuerzo positivo comienza a manifestarse en tu hogar. El entrenamiento con jaula no debe ser utilizado con abuso. Tampoco está destinado como castigo. Está pensado como un espacio personal para tu GSD, como un refugio si el ha tenido suficientes estímulos y quiere alejarse de todo. Uno de los principales argumentos contra el uso de la jaula es que no es bueno para tu GSD estar encerrado durante dieciséis horas al día. Y estoy de acuerdo con eso. Nunca debe usarse como sustituto de un paseador de perros o una guardería canina, o incluso de que tú te levantes del sofá y des algunos de esos diez mil pasos que se supone que todos debemos caminar cada día para estar saludables. Puede usarse durante varias horas durante el día cuando do tienes que estar fuera y quieres que tu perro esté seguro. Cody duerme en su jaula por la noche y entra voluntariamente alrededor de las siete de la tarde. A veces lo encuentro descansando allí en otros momentos, especialmente después del almuerzo cuando está tomando una siesta. Esa es su costumbre y está contento con ella. Tú necesitas determinar su rutina y mantenerla.

Foto cortesía de Celeste Schmidt Dakonic GSDs

Entonces, esto es lo que sugiero. Entrena a tu cachorro con jaula. Será útil para el, y para ti, mientras atraviesa algunas de las etapas juveniles más destructivas. Decide, a medida que tu GSP crece, si continuar

*Foto cortesía de
William Chilton*

usando una jaula tiene sentido para tu estilo de vida o no. Luego sigue con tu vida. El cielo no se va a caer si entrenas o no con jaula. Pero mientras hablamos de jaulas, repasemos algunos de los fundamentos sobre cómo aprovechar al máximo lo que es, después de todo, solo una opción en tu arsenal de herramientas de adiestramiento.

Cultura de la jaula

Todos los perros quieren aprender. Algunos son más inteligentes que otros, es cierto, y puede ser una curva educativa más larga para algunos perros, pero en última instancia, todos quieren hacer lo correcto, complacerte y ser felices. Los cachorros de Pastor Alemán están a años luz de ser responsables. Se rigen por sus sentidos, sus apetitos y una curiosidad insaciable. Ese pequeño paquete de cachorro que acabo de describir es lo que puede meterlos en problemas. A veces problemas serios que pueden lastimarlos, por lo que depende de ti ser responsable porque ellos no pueden serlo, por ahora. Una de esas formas de cumplir con tus obligaciones es monitorear y controlar el comportamiento de tu cachorro.

Las primeras semanas

Tú y tu cachorro han comenzado a conocerse. Una de las cosas importantes a las que has estado exponiendo a tu cachorro es a pasar tiempo en su jaula. Sus platos de comida y agua deben estar allí para que a la hora de comer entre voluntariamente. No dejarás los platos en la jaula en otros momentos. Pon sus juguetes en su jaula para que tenga que entrar para conseguirlos. No le cierres la puerta para que no piense que cada vez que entra va a quedar encerrado. Su cama diurna debe estar allí. Las golosinas deben dispensarse en la jaula. Necesitas crear la impresión de que todas las cosas buenas giran alrededor de la jaula. Por la noche, debe estar en la jaula del dormitorio para que comience a entender esa rutina y sepa lo que se espera de él. Profundizaremos más en la utilidad de esta herramienta, pero basta decir que las jaulas pueden desempeñar un papel importante en el entrenamiento para hacer sus necesidades también. Los GSDs son increíblemente inteligentes y captan la mayoría de las cosas muy rápidamente. Si no te están dando el comportamiento deseado, es porque tú no has encontrado la clave correcta para desbloquearlo.

Masticar y morder

Mordisquear y morder es probablemente la queja más común de los dueños de GSD. Comienza muy temprano y, si no se controla, se extenderá hasta la edad adulta. Los Pastores Alemanes exploran las cosas con la boca. Se calman masticando cosas. Juguetes, zapatos, rodapiés, alfombras, lo que sea, estos perros son todos genios cuando se trata de desmontar cosas. Consulta las estrategias de supervivencia que he esbozado en la siguiente sección sobre la dentición.

Dentición

Una de las razones por las que tu GSP mastica es la dentición. Tu cachorro tiene veintiocho dientes de leche, pero a veces parece que son más. Comenzará a perder esos afilados dientes a partir de las doce semanas aproximadamente. Ahí radica el problema. A los cachorros les gusta masticar naturalmente, pero cuando la dentición está en pleno apogeo, lleva las cosas a un nivel completamente nuevo. Los dientes de leche cayendo, los dientes adultos saliendo lentamente, es una receta para el mal comportamiento por parte de tu GSP y frustración por la tuya. Dicho esto, hay algunas estrategias para hacer frente a esto.

Estrategia desesperada #1

Desviar y distraer. Cuando tu cachorro muerda, dile que no y haz un gran espectáculo dándole un juguete favorito para jugar. Cambia su mentalidad. Sé que lo he mencionado antes, pero funciona.

Estrategia desesperada #2

Si tu cachorro muerde, di "ay" en voz alta y aléjate de él. Detén cualquier juego que pudiera haber estado ocurriendo. La teoría es que tu pequeño genio asociará morder con que le quiten el tiempo de juego y, por lo tanto, se autocorregirá. Eso es en teoría, sin embargo.

Estrategia desesperada #3

Esta es una técnica que usé con Cody y su cerebro de cachorro pareció captarla bastante rápido. Cuando me mordía, por supuesto decía no, tal vez con un "ay" primero. Luego ponía mi mano en su boca con mi pulgar debajo de su lengua y mi dedo índice debajo de su barbilla. Como esto hace que el perro se sienta incómodo, luchará por alejarse de ti. No lastima al cachorro y pronto aprenden que si te mastican, presionarás sobre ellos. Como dije, son criaturas inteligentes.

Gruñir y ladrar

Algo a tener en cuenta es que todos los cachorros gruñen, ladran y muerden. Está en su naturaleza, es cómo juegan entre ellos, es cómo quieren jugar contigo, es un comportamiento normal. Deberías conocer a tu cachorro de Pastor Alemán lo suficientemente bien después de unos días para distinguir entre jugar y simple agresividad. Los cuerpos de la mayoría de los cachorros están bastante relajados cuando están en modo de juego, pero si notas algo de tensión, es hora de parar. Detén el juego, retírate si es necesario y permite que tu cachorro tenga tiempo para reiniciarse. Él quiere tu tiempo y atención más que cualquier cosa, por lo que debería captar las señales rápidamente.

Cavar y cavar y cavar

¿Por qué cavan los cachorros? Principalmente, tu cachorro de Pastor Alemán va a cavar por entretenimiento porque está aburrido. Aquí está la mejor manera de lidiar con ese comportamiento.

- Ejercicio. Si bien es importante no estresar el cuerpo de un cachorro con ejercicio físico excesivo, debes darle la oportunidad de quemar toda esa energía juvenil. Muchos paseos cortos, jugar con juguetes, incluso juegos básicos de buscar ayudarán a cansar a tu GSP. Practicar comandos agotará a todos los involucrados, así que cinco minutos de eso a la vez y nadie tendrá energía para nada.

Hay varias otras motivaciones para destrozar el patio trasero. Algunos cachorros mayores están buscando un cambio de escenario. No es que la hospitalidad no sea excelente en tu casa, es solo que hay todo un mundo por descubrir. Esa puede ser la razón por la que Zelda está tratando de escaparse intentando cavar debajo de la cerca o por un muro de cimentación. Aquí hay algunos enfoques para ayudar a lidiar con el artista del escape.

- En primer lugar, supervisa a tu cachorro mientras estás en el patio trasero. Si simplemente lo estás soltando allí y luego te vas por el día, entonces acepta lo que obtengas. Ese nunca debería ser el caso. Mientras la observas, si ves comportamiento de excavación, puedes tomar medidas para detenerlo. Sal, dile no y distráelo con alguna actividad durante un par de minutos, lo que cambiará la mentalidad del perro.

- Puedes instalar algunas barreras físicas que evitarán cavar debajo de una cerca, como cercas de eslabones de cadena ancladas al suelo.

Foto cortesía de *Autumn Raines*

Aquí está mi sugerencia si todo lo demás falla. Algunos Pastores Alemanes, sin importar cuánto intentes cambiar su comportamiento, de vez en cuando todavía recurren a viejos y malos hábitos. Tal vez tuvieron un día estresante en el parque para perros o su plato de croquetas de la noche no estaba a la altura. Puede que ni siquiera sepan la razón, pero antes de que te des cuenta, la tierra está volando. Si estás contra la pared, prueba esto.

- Reserva un área donde SÍ se permita cavar. Lo sé, suena contradictorio, ¿verdad? Bueno, no, no realmente. Cavar se convierte en una recompensa, un comportamiento controlado. Puedes llevarlo al área y elogiarlo. Juguetes especiales podrían ser tesoros enterrados para que Zelda los descubra. Si comienza a cavar en otra área, detén esa actividad inmediatamente y procede a la ubicación de la mina a cielo abierto.

A veces es tan importante saber cómo no proceder. Socializar y adiestrar a un Pastor Alemán lleva tiempo y hay muy pocos atajos. Quiero terminar esta sección con varias cosas que no recomiendo al tratar con un perro que cava.

- En línea con el enfoque de refuerzo positivo, no uses cercas eléctricas. Realmente es un castigo para facilitar un problema. Dar una descarga a un perro cuando se acerca a una barrera puede curar un comportamiento mientras potencialmente crea varios otros problemas.

- No uses aerosoles de pimienta picante u otras mezclas que puedan dañar a tu cachorro y a otros animales. Dedica tiempo a ayudar a tu Pastor Alemán, no a lastimarlo.

- Nunca castigues a tu perro por cavar. Corrige el comportamiento tan pronto como lo veas suceder para que el cachorro asocie la amonestación con algo inaceptable.

Una última nota. Cody, a la madura edad de cinco años, todavía tiene un lugar al que le gusta ir a cavar. Resulta que es en un macizo de flores justo al lado de la puerta principal. Nunca ha sido astuto sobre dónde cava, es solo ese lugar que parece ser irresistible para él. Si me ve observándolo, se detiene y finge que solo estaba inspeccionando las cosas. Los viejos hábitos son difíciles de eliminar. ¿Puedes creerlo?

Ansiedad por separación

La ansiedad por separación es más común de lo que piensas, y puede desarrollarse temprano en la vida de tu cachorro. Los veterinarios de la Universidad de Illinois sugieren que hasta el cuarenta por ciento de los perros del país pueden experimentar alguna forma de ansiedad por separación. Los perros se vinculan con sus dueños rápidamente. Recuerda que tú eres la fuente de toda buena comida y experiencias. Tú eres su puerta de entrada a la diversión. Cuando sales de casa sin ellos, algunos perros, especialmente los rescatados, pueden sentirse abandonados. Temen que nunca regreses. Aquí hay algunas circunstancias que pueden provocar SA (ansiedad por separación).

- Su horario cambia repentinamente sin ningún intento de transición a las horas revisadas.

- Mudarse a una nueva ubicación.

- Un miembro de la familia al que están apegados desaparece repentinamente. Podría ser alguien que se va a estudiar o, tristemente, una muerte en la familia.

- Algunos perros necesitan ser reubicados sin que sea culpa suya y eso puede causar ansiedad.

Es posible que no te des cuenta de que tu cambio de circunstancia ha desencadenado un problema emocional en tu Pastor Alemán hasta que comiences a actuar. Ninguno de los comportamientos que exhibe el perro propenso a la SA puede considerarse intencional, lo que significa que no lo están haciendo para despreciarte o vengarse de ti por dejarlos. Están genuinamente aterrorizados y cómo se comportan es una reacción refleja al miedo. Tu cachorro puede mostrar algunos de los siguientes comportamientos si la ansiedad por separación se está convirtiendo en un problema.

- Si has estado entrenando a tu cachorro con jaula, puede intentar escapar. Algunos perros son lo suficientemente fuertes como para doblar las jaulas de alambre y salir. Algunos perros solo pueden doblar el metal lo suficiente para meterse en problemas. Es posible que tengas que dejar de usar la jaula y usar puertas para bebés para confinar a tu GSD a una habitación apropiada.

- Destrucción de artículos del hogar. Un cachorro que experimenta SA puede masticar marcos de puertas o rodapiés, sillas, patas de mesa, alfombras, cualquier cosa que esté en su habitación. Al igual que con la destrucción de la jaula, tu Pastor Alemán puede lastimarse durante su episodio de ansiedad.

- Micción y defecación.

- Caminar de un lado a otro y ladrar.

Todos estos comportamientos pueden ser signos de SA, pero si tu GSD hace cualquiera de estas cosas, probablemente sea conveniente una visita al veterinario. Necesitas descartar cualquier problema médico en tu animal.

Consejos rápidos para lidiar con la ansiedad por separación

La SA puede ser un desafío complejo de manejar porque hay personalidades individuales y complicadas acechando en esos cráneos caninos. Si encuentras que tu GSD está exhibiendo síntomas, aquí hay un par de soluciones generales para pensar. Tendrás que hacer más de tu propia investigación, y es posible que tengas que buscar ayuda profesional. Hay una cosa de la que puedes estar seguro. No desaparecerá por sí sola y tu perro no la superará.

- Así como tu cachorro ha sido inconscientemente condicionado a preocuparse cuando tú no estás allí, puede ser condicionado a relajarse. Una de las cosas cruciales a tener en cuenta es el equilibrio negativo-positivo. Si gradualmente conviertes lo negativo en positivo, debería resultar un cambio en el comportamiento. Los perros que están motivados por comidas favoritas son los más fáciles de ayudar de esta manera. Los juguetes con golosinas favoritas pueden ayudar a aliviar la ansiedad cuando tú no estás. Viajes cortos de ida y vuelta pueden ayudar a tu GSD a entender que siempre regresas.

- Para casos de ansiedad severa, debes buscar un adiestrador de perros calificado o, si tienes la suerte de vivir en un área donde tienes especialistas en comportamiento animal, busca uno.

Solo en casa

Dejando de lado la ansiedad por separación, deberías estar trabajando en dejar gradualmente a tu cachorro solo por períodos de tiempo. Todos los perros necesitan aprender a estar solos porque tendrán que lidiar con algo de soledad a lo largo de sus vidas. Comenzar con ausencias cortas es la mejor manera de empezar. Dejar una luz encendida y la radio sonando o algo de música suave de fondo ayuda a compensar la ausencia humana.

Sé que cuando estaba en esta etapa con Cody, lo ponía en su jaula, obviamente preparándome para salir con mi pisoteo, y luego cerraba la puerta ruidosamente al salir. Luego me quedaba allí escuchando. Las primeras veces había silencio inicialmente, y luego escuchaba pequeños ladridos, ganando lentamente en volumen. Después de uno o dos minutos de esto, pero

Foto cortesía de Patti Baxter - Jasper

no tanto como para que Cody estuviera completamente alterado, abría la puerta y volvía a entrar pisoteando. Los ladridos cesaban inmediatamente. Luego caminaba por la casa donde él podía verme y me iba de nuevo. Mezclaba los días con algunas salidas a corto plazo y luego ausencias más largas. A veces, cuando regresaba a casa y si había ladridos, entraba, miraba a Cody en su jaula, decía "no ladres", y luego lo dejaba salir y continuábamos. Fueron varias semanas de este tipo de operación antes de que un día regresara a casa, y no solo no había ladridos, sino que el único sonido que salía de la jaula eran ronquidos.

Aquí hay otros pensamientos para reflexionar mientras pasas por el proceso de "Solo en casa".

1. Comienza el proceso lo antes posible. Cuanto antes tu cachorro de Pastor Alemán comprenda la rutina y se dé cuenta de que tú realmente regresas a casa cada vez que te vas, más felices serán todos.

2. En la preparación para algunas ausencias, asegúrate de ignorar deliberadamente a tu GSP a veces. Él necesita saber que tú no vas a entretenerlo las veinticuatro horas del día. Que durante parte del día se quedará con sus pensamientos de cachorro y sus juguetes para entretenerse.

3. Cuando te vayas, especialmente si no estás usando una jaula, no hagas despedidas largas y emocionales. No querrás darle al cachorro señales que le digan que es hora de ponerse ansioso. Ir y venir sin ningún alboroto es la forma de proceder. Sé que es duro para su ego, pero lo superará.

4. Sé que hemos hablado reiteradas veces sobre el ejercicio, pero realmente es clave para muchas cosas. Asegúrate de que tu cachorro haya tenido mucha actividad combinada con algo de tiempo para calmarse antes de salir. Si tu cachorro está adecuadamente exhausto antes de tu partida, puede que simplemente duerma todo el tiempo que tú estés fuera.

Hora de dormir para el pequeño travieso

Los cachorros de Pastor Alemán duermen una cantidad tremenda de tiempo. Pronto verás un ritmo en la existencia del pequeño Fritz. Dormir, comer, orinar y/o defecar, jugar, dormir, orinar y/o defecar, y el ciclo continúa. El cachorro debe dormir en su jaula para tener una asociación positiva continua con el artefacto de alambre. Aquí hay una lista de verificación que puedes usar para asegurarte de que la hora de dormir sea un momento tranquilo.

- Deja que tu GSP duerma tanto como quiera.

- Asegúrate de que tu cachorro haga suficiente ejercicio durante el día para que esté cansado por la noche.

- Asegúrate de que haya hecho un viaje al baño antes de acostarse.

- No realices actividades frenéticas durante al menos una hora antes de acostarte.

- La hora de dormir debe ser aproximadamente a la misma hora todas las noches, para que la rutina que todos los Pastores Alemanes aman se establezca temprano.

- Su jaula para dormir debe ser lo suficientemente cómoda como para que tú puedas pensar en meterte para una siesta.

- No olvides que los cachorros son máquinas de masticar. Debe haber un juguete en su jaula para que pueda satisfacer esa necesidad.

Hemos cubierto bastante territorio en este capítulo, pero realmente solo se ha establecido la base fundamental para una asociación exitosa entre tú y tu Pastor Alemán. En el próximo capítulo profundizaremos en cómo puedes mantener tu hermoso hogar en una sola pieza, más o menos, Y aún así amar a tu GSD. Se puede hacer.

CAPÍTULO 7
Entrenamiento de control de esfínteres

"Lo más importante con el entrenamiento de control de esfínteres es establecer una rutina y estar preparado. Si el cachorro despierta de una siesta, sácalo; si el cachorro termina de jugar, sácalo, etc., etc. También estate atento a la ingesta de agua; si el cachorro está orinando constantemente, quizás convenga controlar un poco más su consumo de agua. Retirar el agua un par de horas antes de acostarse también suele ser lo más recomendable".

Celeste Schmidt
Dakonic German Shepherds

Entrenamiento de control de esfínteres, adiestramiento para hacer sus necesidades, llámalo como quieras, el objetivo es asegurarte de que tu cachorro de Pastor Alemán aprenda a orinar y defecar en el área apropiada y que gradualmente aprenda a contenerse hasta que el lugar adecuado esté disponible. La clave está en comprender que existe

Foto cortesía de María Stylianou

una ecuación del cachorro con la que puedes trabajar, y esto ciertamente elimina gran parte de las conjeturas en el proceso de las deposiciones. Como dice el viejo refrán, el tiempo lo es todo, y esto nunca es más aplicable que cuando se trata de un perro joven haciendo sus necesidades. Los cachorros pueden contenerse una hora por cada mes de vida. Cuando tu Pastor Alemán llega a casa a las ocho semanas, puede aguantar dos horas, más o menos. Después de eso, es cuestión de suerte. Cuando esos ciento veinte minutos han transcurrido, cada segundo adicional es una ventana de oportunidad para tu travieso peludo. El entrenamiento de control de esfínteres será una de las tareas más tediosas que tendrás que realizar con tu pequeño destructor del hogar, pero cuando lo "entienda" y comience a hacerte saber que sabe, tus suspiros de alivio se escucharán a varias manzanas de distancia. Abordemos algunos de los métodos básicos para hacer que tu cachorro comprenda que hacer sus necesidades es un trabajo de exterior, no una broma de interior.

Perfeccionando el rendimiento en el control de esfínteres

¿Recuerdas la controversia sobre el entrenamiento con jaula de la que hablamos anteriormente? Bien, voy a retomarlo para una rápida revisión. Usar una jaula durante el entrenamiento de control de esfínteres tiene mucho sentido, por un par de razones.

- Recuerdos de mamá. La perra madre mantiene limpia el área de la camada aunque haya seis, siete u ocho cachorros deambulando y ensuciando. Gradualmente, los cachorros captan la idea y comienzan a alejarse para hacer sus necesidades. La idea de mantener limpia el área inmediata de vida queda grabada en ellos desde temprano por esa figura de autoridad por encima de todas las figuras de autoridad: mamá. Los cachorros llevan esa joya de higiene personal con ellos el resto de sus vidas.

- Jaulas a medida. En primer lugar, puedes comprar jaulas de diferentes tamaños, lo que ayuda a darle a tu cachorro suficiente espacio cuando está dentro, pero no demasiado para que pueda pasear hasta el fondo, hacer sus necesidades y luego regresar a su zona de diversión. Las jaulas también vienen con divisores para que puedas comprar un tamaño más grande que se adapte al crecimiento futuro, pero usar el divisor para que el espacio habitable inmediato sea consistente con el tamaño físico actual de tu cachorro.

Si te sentirías mejor usando un corralito para cachorros en lugar de una jaula, puede funcionar muy bien, especialmente mientras tu cachorro de Pastor Alemán sea relativamente joven. Todas las mismas técnicas mencionadas para el entrenamiento con jaula son aplicables al corralito con menos gastos generales. Eso es un pequeño intento de humor, pero mi investigación me dice que, dependiendo del corralito, son algo menos costosos que las jaulas.

Dejando atrás el concepto de la jaula por un momento, examinemos algunas de las otras cosas que te ayudarán a adelantarte al desfile de las necesidades. Tú sabes que un cachorro solo puede retener su orina y heces por un tiempo limitado debido a su edad. Ese es el principio subyacente número uno, así que construyamos sobre eso. Nunca es demasiado temprano para establecer rutinas con tu cachorro de Pastor Alemán. Combina las funciones corporales con la rutina y aquí hay otra ecuación que ayudará a indicar cuándo tu pequeño tendrá que salir a hacer sus necesidades.

El Predictor de Necesidades
- Lo primero por la mañana
- Después de comer y/o beber
- Después de jugar
- Después de disfrutar de un tiempo en la jaula
- Después de una siesta
- Lo último por la noche

Puedes llevar la práctica del control de esfínteres al extremo. Lo sé porque fui culpable de ello con mi Pastor Alemán, Cody. Cuando tenía ocho y nueve semanas, y porque sabía que solo podía contenerse durante un par de horas a esa edad, solía programar mi alarma durante toda la noche y levantarme cada dos horas para sacar a Cody. Bueno, el pequeño cachorro estaría profundamente dormido, después de llorar hasta el agotamiento, y yo lo despertaba para que saliera tambaleándose afuera y mirara las estrellas. A veces hacía sus necesidades, a veces estaba dormido sobre sus patitas de cachorro. Probablemente no necesitaba ser tan obsesivo. Estaba siendo un padre helicóptero, pero no sabía hacerlo de otra manera. Ahora lo sé y tú también.

Esos predictores de necesidades que mencioné son solo algunos de los momentos a tener en cuenta. Deberías pasar bastante tiempo observando a tu Pastor Alemán; su comportamiento físico también te dará algunas pistas sobre cuándo es el momento de dirigirse a la puerta del baño. Si no lo estás observando, ocurrirán accidentes y serán tu culpa, no un error de tu cachorro. Tú eres quien tiene el gran cerebro humano con todas esas redes neuronales que te permiten anticipar el futuro. Bueno, para ti, el futuro es ahora mismo y el está caminando sobre cuatro patas buscando un lugar para hacer sus necesidades.

Indicadores físicos de necesidades

- Olfateo. Esto significa que tu cachorro está buscando y no necesitas adivinar qué. Sal por la puerta inmediatamente.

- Dar vueltas e inquietud general. La angustia canina significa que un desastre no puede estar lejos.

- Pausa de cachorro. Los Pastores Alemanes pueden congelarse repentinamente en medio de una actividad en la que están involucrados. Si esto sucede, es hora de salir rápidamente.

- Sentarse o gimotear en la puerta. Si esto sucede, está en camino al nirvana del control de esfínteres. Tu pequeño Pastor Alemán está captando la idea. Sal por la puerta y ofrece muchos elogios. Incluso podrías querer entrar y tomar una bebida para celebrar.

Lenguaje para las necesidades

Aquí hay algo más en lo que pensar que podría facilitar tu vida y ahorrar unos minutos de valioso tiempo. Supongo que lo describirías como tu orden personal para indicarle hacer sus necesidades. Elige una frase que puedas usar en cualquier lugar, en cualquier momento, sin excesiva vergüenza. Podría ser tan simple como "haz pipí" o "haz popó". Recuerda, las órdenes deben ser cortas. Cada vez que saques a tu cachorro de Pastor Alemán a hacer sus necesidades, estate listo y preparado con tu orden personal. Inicialmente, el pequeño no tendrá idea de lo que significa, pero cada vez que orine o defeque, tú repites la orden. Gradualmente, introduce la orden antes de que ocurra la función corporal del perro. Eventualmente, con algo de persistencia, los dos deberían estar en la misma longitud de onda y la misión se cumplirá en minutos en lugar de horas. Reducirás el tiempo que Fritz pasa olfateando y mirando las estrellas, pero lo superará.

Foto cortesía de Eduardo De Luna

Revisitando la Habitación del Cachorro

¿Recuerdas el viejo suelo de linóleo que mencioné en el Capítulo 4? Hubo una buena cantidad de "accidentes" en esa habitación. Usamos periódico en la habitación del cachorro inicialmente para conseguir que nuestro cachorro de ocho semanas hiciera sus necesidades en ciertas áreas. El entrenamiento con papel, como todo método, tiene sus defensores y sus detractores. Cody, obviamente un no creyente, inicialmente orinaba en el suelo de linóleo y luego iba a romper el periódico. Así no es como se supone que funciona el sistema de papel. Cubriré este sistema brevemente porque para los Pastores Alemanes no creo que deba usarse excepto como una breve fase de transición para hacer sus necesidades afuera. Si tienes un Jack Russell, entonces quizás los titulares de hoy podrían ser de más ayuda.

Construyendo un caso para el papel

La idea de poner periódico (o paños absorbentes para cachorros) es conseguir que tu Pastor Alemán haga sus necesidades en el área con papel. Luego, gradualmente reduces el área cubierta, eventualmente dejando solo el papel más cercano a la puerta que conduce al exterior y luego ningún papel en absoluto. Yo usaría esta técnica solo en las etapas iniciales del entrenamiento y en circunstancias de emergencia donde debes ausentarte y no puedes vigilar a tu cachorro. Sabrás que dejar a un perro muy joven en una jaula durante un período prolongado NO es algo que contemplar. Así que quizás, el papel es la solución, al menos inicialmente.

Abriendo puertas

Aunque algunas personas pueden creer que las puertas para perros son más adecuadas para perros pequeños, los Pastores Alemanes también pueden usarlas. Cuando se trata del entrenamiento de control de esfínteres, pueden ahorrar tiempo si tu casa está configurada de la manera correcta; no solo ahorrando tiempo, sino que si tienes que dejar a tu cachorro en casa sin supervisión, entonces si ha sido entrenado adecuadamente, no tendrás que preocuparte de que ensucie. Cada vez que tu cachorro tuvo que hacer sus necesidades,

Foto cortesía de Nicole Mckenzie

lo has estado sacando por la misma puerta, ¿verdad? Cada vez, la misma puerta, la misma rutina. Los perros prosperan conociendo las reglas y entendiendo lo que va a suceder. Si tienes una puerta para perros, la regla es sacar al pequeño por ahí para hacer sus necesidades, de modo que se convierta simplemente en lo que siempre se hace.

Cuando estés listo para ver si tu cachorro puede arreglárselas por sí mismo, inicialmente deberás asegurarte de que el espacio interior donde tu cachorro está confinado sea relativamente pequeño. Querrás que todo le traiga los recuerdos de Mamá. No querrá usar su espacio interior para hacer sus necesidades, así que saldrá por la puerta para perros. Su espacio exterior tendrá que ser seguro para que el pequeño no pueda meterse en problemas mientras está en una carrera para hacer sus necesidades. Una puerta para perros podría abrirte algunas puertas para resolver el rompecabezas del control de esfínteres.

El marco temporal

Una de las preguntas sin respuesta de este capítulo es, ¿cuánto tiempo va a tomar todo este proceso? ¿Cuántos días, semanas, meses voy a estar observando a este pequeño genio en busca de señales de que tiene que salir a la zona de necesidades? ¿Cuándo podré finalmente dormir un poco, cuándo terminará esto? Para ser honesto, es una pregunta abierta. Los Pastores Alemanes son extremadamente inteligentes, así que si está tomando mucho tiempo y te preguntas por qué, mejor saca el espejo de nuevo. Cuatro meses debería ser una estimación aproximada máxima, pero muchos perros están bien encaminados para estar entrenados en el control de esfínteres antes de ese tiempo. Con esa buena noticia bajo tu cinturón, preparémonos para el próximo capítulo. Se trata de tu Pastor Alemán y el mundo exterior. No saben automáticamente cómo comportarse en cada situación, y buscarán en ti señales e indicios sobre cómo debe ser su comportamiento. Llamémoslo el capítulo del animal social.

CAPÍTULO 8
El Animal Social

"Saca a tu nuevo cachorro de Pastor Alemán y exponlo a personas y perros tan pronto como tu veterinario indique que es seguro hacerlo".

Tracy Berg
vom Haus Berg German Shepherds

Foto cortesía de
Patti Baxter - Jasper

Socialización. ¿Por qué tendríamos que pensar en eso en relación con nuestros cachorros de Pastor Alemán? ¿No deberíamos simplemente adaptarnos a las circunstancias, dejar que las cosas sucedan y vivir un día a la vez? La respuesta corta es no. El comportamiento canino puede ser extremadamente impredecible A MENOS QUE tú hayas hecho el esfuerzo de moldear y exponer a tu Pastor Alemán a las diversas posibilidades y responsabilidades sociales en el amplio mundo exterior.

Sabía que uno de mis mayores desafíos cuando trajimos a nuestro Pastor Alemán a casa sería la socialización porque vivimos en una propiedad rural. No hay otros perros para exponer a Cody, pocas personas pasan durante el transcurso de una semana, y aparte de alguna ardilla ocasional, conejo o coyote, Cody está condenado a mirar mis ojos marrones inyectados en sangre la mayor parte del tiempo. Por lo tanto, he tenido que hacer un esfuerzo por llevarlo conmigo en la camioneta, hacer el viaje de cuarenta y cinco minutos hasta el parque para perros más cercano, tomar lecciones individuales con un adiestrador y, en general, exponerlo a lo que el día pueda ofrecer. ¿El técnico de servicio ocasional tiene que soportar a Cody olfateándolo, tratando de persuadirlo para que lance un frisbee desgastado o patee una pelota de baloncesto desinflada colina abajo para que el perro la persiga? Claro, pero si no hubiera hecho esos esfuerzos de socialización, con toda probabilidad ten-

Foto cortesía de Erin Huntley

dría un perro temeroso, inseguro y potencialmente peligroso de treinta y ocho kilos y medio que solo perpetuaría el falso estereotipo del Pastor Alemán agresivo y fuera de control. Yo no quería eso y tú tampoco.

Promoviendo lo Positivo

Las primeras dieciséis semanas de vida de un cachorro son un período crítico para tu Pastor Alemán. Su personalidad comienza a tomar forma y se están formando patrones de comportamiento. Por lo tanto, el tiempo que inviertas ahora te dará grandes beneficios más adelante. Así como tus métodos de adiestramiento siempre deben incluir el refuerzo positivo, tu enfoque de socialización también debe promover lo positivo. Si estás quejándose de lo grande que será este trabajo y cuánto tiempo va a tomar, y no estás seguro si tu cachorro realmente necesita un esfuerzo de socialización enfocado, recuerda esto. La Sociedad Americana Veterinaria de Comportamiento Animal tiene una advertencia grave sobre lo que puede suceder si tu Pastor Alemán no está adecuadamente socializado.

- "Los problemas de comportamiento, no las enfermedades infecciosas, son la causa número uno de muerte para perros menores de tres años de edad".

Tener un perro se trata de lidiar con posibilidades y este es uno de esos momentos en que necesitas pensar en cómo se las arreglaría tu perro si tú ya no estuviera presente. Un canino socialmente adaptado, uno que maneja bien el encuentro con nuevas personas y disfruta explorando diferentes lugares, aumenta sus posibilidades de seguir teniendo una buena vida sin ti. Juega con las probabilidades y tal vez, solo tal vez, puedas salvar la vida de tu perro incluso si tú no estás cerca.

Preparaciones Positivas

Mencioné hacer de la exploración del mundo una experiencia positiva y puedes lograr eso de varias maneras diferentes. No apresures a tu cachorro a situaciones. Hasta cierto punto, déjalo sentir su camino. También debes recordar que los Pastores Alemanes, incluso los cachorros, perciben cómo te sientes tú. Si estás tenso, ellos se tensarán. Así que, intenta relajarte y tómate tu tiempo. Poner a tu cachorro en un horario estricto de socialización podría hacer más daño que bien. Tú necesitas sacar a tu Pastor Alemán de su zona de confort, pero gradualmente. Si estás creando miedo en tu Pastor Alemán, estás retrocediendo. Otra forma de promover lo positivo es ser generoso con las golosinas cuando salgas. Si a Sheba le encantan los bocaditos de batata dulce, asegúrate de tener algunos en tu bolsillo antes de que tenga lugar tu próxima expedición para conocer el mundo.

Foto cortesía de Colleen O'Connor

Después de haber tenido a tu Pastor Alemán en el rancho durante una o dos semanas y el haya tenido tiempo de acostumbrarse a las nuevas caras y a parte de la rutina que tendrá su vida, es hora de comenzar a socializar seriamente a Sheba. Puedes ampliar su círculo de conocidos a la familia extendida, amigos y vecinos. Una de las mejores decisiones que tomamos fue presentar a nuestro vecino de al lado a Cody cuando el cachorro llegó a casa por primera vez. Nuestro vecino ahora está tan cómodo con nuestro perro que cuidará de Cody cuando estemos fuera. Realmente es lo mejor de ambos mundos para ti y tu Pastor Alemán si algunas personas cercanas a ti pueden ayudar a cuidar al perro cuando sea necesario. Hay un intenso proceso de vinculación ocurriendo durante este tiempo temprano. Es cuando tu Pastor Alemán aprende a confiar en ti y tú comienzas a tener algo de fe en ella.

Mi Consejo

- Para solidificar el proceso de vinculación durante este período de socialización, aquí hay algunos errores que no debes cometer. Nunca asustes a tu cachorro "solo por diversión". Nunca molestes a tu perro solo "jugando". Por último, pero no menos importante, nunca golpees a tu Pastor Alemán solo "para enseñarle una lección". Los Pastores Alemanes necesitan saber que tú eres una presencia constante, confiable y positiva en sus vidas. Tú eres todo su mundo, así que no lo conviertas en uno malo.

Deberás esperar hasta que el programa inicial de vacunación de tu cachorro haya terminado y el haya desarrollado su inmunidad antes de ampliar sus horizontes a una exposición total, pero no esperes para comenzar el proceso de socialización. Comienza lentamente, pero una vez que las vacunas hayan terminado, el cielo es el límite. Ahora vamos a tratar algunas interacciones específicas que tu cachorro necesita tener.

Comportamiento Canino

Es crucial permitir que tu cachorro de Pastor Alemán conozca y se asocie con otros perros. Tú y Axel obtendrán algo de socialización en la clase para cachorros, pero también es importante que los cachorros conozcan a perros mayores para continuar su curva de aprendizaje. Tu Pastor Alemán habría recibido algunos de los fundamentos sociales en sus primeras ocho semanas de vida de su madre y, sin duda, de sus compañeros de camada. Sin embargo, para que Axel se convierta en un miembro de pleno derecho de la sociedad, necesita algunos modelos adultos. Muchas personas se estremecen ante la sugerencia de parques para perros para su pequeño bebé, pero ahí es realmente donde encontrarás una muestra representativa de la sociedad canina.

Todos Están Aquí

- Los abusones que no pueden aceptar un no por respuesta, siempre están estacionados en el parque.
- Los miedosos que se encogen ante todos los ladridos, están allí.
- Los perros pequeños súper ratón que piensan que miden tres metros, presumen allí.
- Los tipos geniales que solo están allí para olfatear, y tal vez beber un poco de agua, pasan el rato aquí.
- El sabueso hippie relajado con el pañuelo y una sonrisa tonta en su cara, seguramente aparecerá.
- Los grandotes que solo están parados sin hacer mucho más que babear, suelen estar presentes.

Con una mezcla de personalidades como esta, deberás tener cuidado al introducir al pequeño Axel en este entorno agitado. Para cuando tú y tu Pastor Alemán hagan acto de presencia en el parque local, necesitas tener al menos cierto control sobre tu cachorro. Tener un grado confiable de llamada, venir cuando se le llama, es un requisito porque estar con correa en el parque para perros no es una buena idea. Ser el único perro con correa en el parque es como un boxeador con una mano atada a la espalda. Axel necesita tener movilidad para moverse y posiblemente salir de algunas situaciones difíciles.

Foto cortesía de
Sherry Schuessler
schuesslerstudios.com

Jugando con los Perros Grandes

"Supervisa toda interacción durante las primeras semanas. Si se vuelven demasiado agresivos en el juego, sepáralos y cálmalos. Cuando interactúe con un perro adulto, no permitas que el perro adulto domine o 'inmovilice' al cachorro. Puede crear un comportamiento agresivo hacia otros perros en tu nuevo cachorro".

November Holley
Harrison K-9

Antes de llevar a tu Pastor Alemán a pasar el rato con los perros grandes, es conveniente obtener un poco de información previa. ¿Cuál es el mejor momento para llevar a un novato al parque para perros? Probablemente el momento más tranquilo posible, así que al principio evitar los fines de semana, las tardes y las primeras horas de la mañana es el camino a seguir. El parque para perros no es un sustituto de otro ejercicio, así que asegúrate de que tu cachorro haya hecho ejercicio antes del paseo por el parque. Eso le quitará el filo a su energía y lo hará un poco más civilizado una vez que se abra la puerta de Fido Fields. Bien, aquí vamos, estás en el parque para perros. Saca tu lista mental.

- Mantén la visita corta. No más de quince minutos, incluso menos si sientes que tu Pastor Alemán está demasiado ansioso.

- Quite la correa. Los perros atados pueden ser extremadamente defensivos y los perros sin correa pueden ser agresivos en compañía mixta.

- No recomiendo juguetes o golosinas en el parque para perros. Son solo una oportunidad para una disputa.

- Recoge los deshechos de su mascota. La mayoría de los parques proporcionan bolsas de plástico y botes de basura para su eliminación, pero trae tus propias bolsas por si acaso.

- Siempre mantén un seguimiento de tu Pastor Alemán. Solo porque tu perro tiene buenos modales no significa que todos los tengan, y si ocurren problemas, querrás cortarlos antes de que alguien resulte herido.

Por mi experiencia, la mayoría de los perros mayores darán cierta libertad a los cachorros, pero si el joven es demasiado enérgico o no respeta ningún límite, los grandes lo pondrán en su lugar. Todo eso es parte de madurar y entender las reglas. Debes asegurarte de que durante su excursión no suceda nada desagradable, así que mantén los ojos bien abiertos. Nuevamente, por mi experiencia, a la mayoría de los Pastores Alemanes les gustan los parques para perros, pero no necesariamente quieren jugar con otros perros. Cody se divierte pero muestra cierta indiferencia y ningún otro perro realmente lo ha molestado.

Mascotas y Jerarquía

Traer un nuevo cachorro de Pastor Alemán a casa y esperar que se lleve bien con un perro dominante existente y cómodo, y quizás un gatito temperamental sin pensar bien en ese escenario, es buscar problemas. Aquí le mostramos cómo evitar complicar tu vida y tal vez una gran factura veterinaria.

Rover Senior

Tu perro mayor ha tenido la casa para él solo. En lo que a él respecta, es "su" territorio, así que cuando traes a tu cachorro a la ecuación, es una especie de invasión del hogar. Solo necesitas hacer todo lo posible para asegurarte de que Rover reciba al pequeño invasor con la cola meneando. Si Rover es un Pastor Alemán mayor, pueden ser extremadamente protectores de su territorio, así que debes asegurarte de que las primeras presentaciones sean breves y, sobre todo, no amenazantes para ambos perros. Inicialmente, eso significa algún tipo de terreno neutral. El primer encuentro debe ser afuera; podría ser en la acera calle abajo, el parque local, en cualquier lugar que Rover no reclame como su propio territorio.

- Necesitarás tener a ambos perros con correas sueltas. El control es importante, pero los perros necesitan tener la oportunidad de olfatearse y moverse.

- Oler es muy importante para los perros y cada olor entra en su banco de memoria. Quieres que Rover reconozca el olor del cachorro para la próxima vez.

- Recuerda, los perros sienten lo que tú sientes, así que respira profundamente y cálmate.

- Si tu cachorro de Pastor Alemán está demasiado excitado, aléjate y tráelo de vuelta después de unos minutos. Es posible que desees intentar un paseo corto para que los perros tengan la oportunidad de gastar algo de energía. Podrás saber bastante rápido cómo le está yendo al recién llegado con el veterano.

Lo más importante en este ejercicio de construcción de relaciones es dejar que los animales resuelvan su propia dinámica. El perro mayor será dominante, y Rover no debe ser corregido si tiene que poner al pequeño Jaeger en su lugar. Puedes encontrar un gruñido e incluso uno o dos mordiscos a lo largo del tiempo y ciertamente es algo a lo que debes prestar atención, pero puede ser una interacción perfectamente normal entre un perro establecido y un cachorro que sin saberlo está rompiendo las reglas. Si el primer encuentro salió bien, el siguiente paso sería que los dos perros pasaran algún tiempo en el jardín delantero. Antes de entrar en la casa, asegúrate de llevar primero a tu Pastor Alemán para que se acostumbre a las vistas y olores interiores. Cada vez que se encuentren, Rover y Jaeger pueden pasar más tiempo en compañía del otro, pero siempre debes estar atento. Los Pastores Alemanes y otros perros pueden ser confiables, pero su comportamiento nunca está garantizado al cien por cien.

Gatos

Entender el instinto de caza es importante cuando se trata de Pastores Alemanes y gatos. A los Pastores Alemanes les gusta perseguir cosas. Está en sus genes desde Max von Stephanitz y los días de pastoreo de ovejas. Los Pastores Alemanes tendrán diversos grados de instinto de caza, pero inevitablemente se activa a toda marcha cuando algo pequeño pasa corriendo. Como un gato. Los cachorros jóvenes de Pastor Alemán no tienen las herramientas para hacer mucho daño a Kitty, pero a menos que su comportamiento se modifique temprano cuando se trata del felino, podría ser un problema más adelante. Por lo tanto, necesitamos enseñarle al cachorro que Kitty no es una presa y que a ti te encantaría que fueran amigos y confidentes. Bueno, tal vez no confidentes.

Antes de que Zelda vea a Kitty, la mejor introducción para ambos debería ser una olfativa. Es realmente una prueba de olfato. Destacaría que es importante que los dos animales eventualmente se conozcan en el entorno en el que coexistirán, así que para el propósito de este pequeño ejercicio, estoy asumiendo que tenemos un gato de interior. Deja que tu cachorro de Pastor Alemán se acostumbre al olor del gato antes de una introducción física. El primer cara a cara podría ser con el cachorro en su jaula y Kitty libre para explorar con seguridad. Podría ser con ambos animales en la habitación con Zelda con correa. Cualquier movimiento hacia el gato inicialmente debe ser recibido con un firme "no" y este es un buen momento para trabajar en reforzar el comando "siéntate".

Como puede imaginar, mantener las cosas bajo control es primordial. Hay una teoría que dice que los gatos pueden sentir cuándo los cachorros/perros están bajo control y es más probable que se involucren si sienten que es seguro hacerlo. Si Kitty y Zelda pueden hacerse amigos, eso es genial, pero al menos deberían aprender a tolerarse mutuamente. Repasaremos algunos comandos para Zelda en el Capítulo 12, pero uno de mis comandos más utilizados con mi Pastor Alemán de cinco años, Cody, es "déjalo". Ese es muy aplicable para posiblemente salvar la vida de Kitty y/o la vista de tu Pastor si las cosas llegan a las garras. Dependiendo de qué tipo de relación veas desarrollándose, pueden tener lugar encuentros cara a cara cuidadosamente monitoreados con Kitty siempre teniendo una ruta de escape obvia. Los gatos siempre son una carta salvaje, así que nada es seguro en la relación felino-canina.

Encantado de Conocerte

Los perros y los niños simplemente parecen ir juntos, ¿no es así? Los Pastores Alemanes adecuadamente socializados son generalmente muy buenos con los niños, pero hay una cosa a tener en cuenta sobre esta raza en particular. Tienen mucha energía (lo digo sinceramente) y actúan como cachorros durante mucho tiempo. Mi Pastor Alemán de cinco años solo ahora ha comenzado a calmarse un poco, así que en esencia ha sido una etapa de cachorro de cinco años. Hago ese punto porque pueden emocionarse y sobreestimularse con bastante facilidad, y a menos que sean vigilados de cerca en sus interacciones con los niños, puede llevar a un comportamiento problemático.

Mi Consejo

- Mezclar niños pequeños y Pastores Alemanes puede ser un desafío particular. Por mi experiencia, los niños pequeños quieren colgarse por todas partes del perro y los Pastores Alemanes, sin ser conscientes de su propio tamaño y fuerza, pueden fácilmente derribar al niño sin intención. Se requiere una vigilancia especial con los pequeños y tu cachorro de Pastor Alemán.

Hay dos clases de niños como todos sabemos. Tus propios pequeños bien educados y los hijos de todos los demás. Vamos a tratar primero con la interacción del Pastor Alemán y tu familia.

Tu Mejor Amigo

Tener un cachorro de Pastor Alemán que crezca con tus hijos puede ser una gran experiencia para todos los involucrados. Tienen suficiente energía para igualar la resistencia de cualquier niño. Son increíblemente inteligentes y se adiestran fácilmente para una variedad de estilos de vida. Son protectores de su familia y siempre quieren complacer. Exigen mucha atención, así que cuantos más cuerpos disponibles para ayudar a ocupar esa aguda mente canina, mejor. Pero como en todas las situaciones, algunas pautas para el hogar no vendrán mal. Cuanto antes se conviertan en reglas de la casa, mejor.

NO tortures al cachorro. No golpees a tu nuevo miembro de la familia, no lo patees, no le tires de la cola.

SÍ acarícialo adecuadamente, de la cabeza a la cola. Los cachorros de Pastor Alemán y los perros adultos adoran el contacto humano, pero de manera respetuosa.

NO juegues bruscamente. ¡Esto va por ti! Ahí es cuando los niños y los cachorros se lastiman.

SÍ juega a buscar. Por un rato. Los cachorros necesitan quemar energía, además es una oportunidad para practicar comandos como "suelta" y "siéntate".

NO molestes a tu Pastor Alemán en su jaula. Ese es su espacio y su refugio.

SÍ deja que los perros descansen cuando duermen. Tu cachorro necesita su descanso y no debe ser molestado durante la siesta.

NO alimentes a su Pastor Alemán con comida humana. Incluso el más pequeño bocado puede terminar siendo un desastre en la alfombra de la sala.

SÍ Dejes al cachorro solo a la hora de las comidas. Algunos perros son quisquillosos para comer y no necesitan distracciones.

NO le quites los juguetes al cachorro. A todos les encantan sus juguetes y también a Zelda, así que déjaselos.

¿Peligro con Extraños?

"Si tú estás tranquilo con algo, el cachorro también lo estará. Si se asusta y tú lo mima, pensará que asustarse es algo bueno porque le consigue atención. No lo mimes. No hay nada peor que un Pastor Alemán adulto tímido y agresivo, y es totalmente prevenible".

Rebecca Dickson
GretchAnya German Shepherds

Uno de los rasgos característicos del Pastor Alemán es que típicamente son desconfiados con los extraños. Cuando un Pastor Alemán adulto emite ese ladrido profundo y retumbante y el pelo se eriza en su espalda haciendo que el imponente animal parezca más grande de lo que ya es, puede ser una vista increíblemente intimidante. Ese comportamiento, créelo o no, es parte de su ADN. Recuerda sus antecedentes como pastores, guardando el rebaño y defendiéndolo del peligro. Mientras que las ovejas ya no están en el panorama, y el peligro no es tanto parte de nuestras vidas, el impulso genético permanece. "Eso es genial", dices tú, "pero ¿cómo evito que mi cachorro de Pastor Alemán se meta en problemas cuando aparece un extraño?"

Bueno, la presentación de tu cachorro de Pastor Alemán a un extraño es una calle de doble sentido. El cachorro necesita saber qué comportamiento se espera de él, pero también lo necesita saber el extraño, adulto o niño.

Pautas para Extraños

1. Refuerzo positivo. Tú quieres que tu Pastor Alemán aprenda que los invitados son buenos y que cierta cantidad de diversión acompaña a una visita. Los invitados que dispensan una o dos golosinas pueden tener ventaja, y de hecho pueden llegar a conservar su mano. Eso es un poco de humor para los que recién sintonizan.

2. Breve contacto visual. No mires fijamente al perro. Es grosero mirar fijamente en cualquier circunstancia, pero el contacto visual prolongado con un Pastor Alemán que no conoce puede interpretarse como un desafío que no quieres hacer.

3. No hagas movimientos repentinos. Si tu invitado se pone nervioso y comienza a agitar los brazos, eso puede ser visto como una invitación para que el perro haga una inspección más cercana.

4. No uses voces altas ni grites. Recuerda, un Pastor Alemán percibe emociones y estados de ánimo y reacciona en consecuencia. Voces suaves.

5. Deja que el perro se acerque a ti. Sugiero hacer un puño y dejar tu mano a un lado para que el perro la huela inicialmente.

6. Incluso si el perro parece relativamente amigable, no lo acaricies en la cabeza. En los hombros o a lo largo de la espalda es más cómodo para el Pastor Alemán.

7. Si puedes arreglarlo, no timbres ni golpes fuertes en la puerta. Esas son cosas que parecen enviar a la mayoría de los perros a un frenesí.

Pautas para el Cachorro

1. Controla al perro. Si se encuentra con el extraño afuera, dile al Pastor Alemán cuándo está bien acercarse a la persona. Siempre tengo una correa conmigo, pero solo la uso si es absolutamente necesario para mantener el control. Puedes usar los comandos "siéntate" y "quieto" para dar dirección al cachorro.

2. Si esperas invitados, asegúrate de que tu cachorro haya hecho suficiente ejercicio para que cuando lleguen, Zelda tenga menos probabilidades de tener energía para quemar, corriendo en círculos alrededor de sus invitados y saltando sobre ellos.

3. El enfoque de golosina/refuerzo positivo también funciona para ti. Si tu Pastor Alemán se motiva con golosinas, puedes recompensarlo por escucharte y permanecer bajo control. No olvides el elogio verbal. Algunos Pastores Alemanes lo valoran por encima de todo.

Foto cortesía de William Chilton

4. Recuerda que tú necesitas estar tranquilo para que eso se transmita a tu perro.

Mi Consejo

- Siempre he encontrado que hacer que un perro se sienta confinado al conocer extraños es problemático. Si puedes evitar poner a tu Pastor Alemán con correa, evitar enjaularlo o tenerlo en una habitación separada de tus invitados, es una mejor situación de socialización para ellos. Como siempre, tú conoces mejor a tu perro, así que estate atento a signos de agitación o miedo. Si el perro no se está adaptando a la situación, entonces necesitas retirarlo de ella.

Todo este capítulo se ha centrado en cómo hacer de tu cachorro de Pastor Alemán un ciudadano social bien equilibrado. Eso significa exponerlos a tantas cosas y experiencias como sea posible, así que antes de dejar atrás al animal social, solo quería darte algunas ideas más sobre cómo ayudar a tu Pastor Alemán a subir en la escala de socialización.

- Una forma fácil y no amenazante de conseguir algo de exposición para tu cachorro es llevarlo a un área donde quizás puedas sentarte en un banco y observar la acción. La gente naturalmente se acercará a ti y querrá hablar sobre perros; los niños querrán acariciar al cachorro.

- Exponer al perro a una variedad de ruidos es algo a lo que aspirar. Camina por zonas de construcción, parques de patinaje, campos de béisbol, pistas de hockey, senderos para caminar, aeropuertos.

- Parques para perros, pero inicialmente solo desde fuera de la valla donde el pueda ver la acción pero no sentirse intimidada por ella.

- Ve a lugares donde tu cachorro de Pastor Alemán pueda ver otros animales, no solo perros sino animales de granja si es posible, como caballos y vacas.

- Los paseos en automóvil son excursiones que se convertirán en parte de la vida diaria de tu perro más adelante, por lo que acostumbrarlo a subirse al automóvil familiar y salir lo antes posible será beneficioso para todos. El mareo por movimiento es un aspecto de esos paseos con el que muchos dueños de Pastores Alemanes tienen que lidiar. Más sobre eso en el Capítulo 15.

En el próximo capítulo, trataremos lo bueno y lo malo de la mentalidad de manada. También responderemos a la pregunta que se hace en muchos hogares: "¿Por qué no podemos llevarnos todos bien?"

CAPÍTULO 9
¿Por Qué No Podemos Llevarnos Bien?

En este capítulo vamos a tratar algunas de las posibles relaciones en las que podrías encontrarte cuando lleves a casa un cachorro de Pastor Alemán, o dos. Primero, sin embargo, abordaremos un par de teorías que tienen sus acérrimos defensores. Recuerda lo que te mencioné en mi introducción. No soy adiestrador de perros. No he realizado estudios teóricos sobre manadas de lobos para examinar la jerarquía y determinar cuánto de la sociedad lobuna puede observarse en grupos de perros. Por lo tanto, si hay alguna controversia aquí, no me pertenece. Tú tendrás que elegir tu propio camino en este tema. Lo que haré es exponerte un par de escuelas de pensamiento y luego contarte lo que he recopilado en la vida real.

Foto cortesía de
Anat Levi Hudaev
Photos by Hanna Sheleg

La Mentalidad de Manada

La teoría de la manada sugiere que los lobos viven en una jerarquía social con los animales alfa (un macho y una hembra) esencialmente controlando a los demás miembros de la manada. Esta teoría de dominancia continúa sugiriendo que los perros, probablemente habiendo evolucionado de los lobos, siguen un orden similar. Cualquier comportamiento no deseado en el grupo, como conflictos resultantes de la agresión, es simplemente un animal intentando ascender en rango, en esencia tratando de ser el animal alfa. En esta escuela de adiestramiento canino, entonces, cualquier comportamiento "agresivo", incluso un perro intentando pasar primero por la puerta, debe ser enérgicamente corregido para mostrar que los humanos son alfa y siempre van primero. Los perros esperan. Algunos expertos en perros han sugerido que esta teoría del orden jerárquico también es transferible a tu hogar, donde la manada consiste en tú, tu familia humana y la cantidad de perros que puedan honrar tu casa. En lo que respecta a los caninos, la teoría de la manada dicta que tú necesitas establecerte como el alfa y asegurarte de

91

que todo lo que haces refuerza ese orden social. Cómo te relacionas con tu pareja e hijos es otro asunto completamente diferente.

Perforando la Teoría de la Manada

En el lado opuesto de este tema, algunos expertos en perros creen que la teoría de la manada es un concepto defectuoso, originado en investigaciones realizadas con lobos en cautiverio que vivían en un entorno artificial. Esta escuela de adiestramiento con refuerzo positivo cree que los perros responden mejor a un entrenamiento que recompensa el comportamiento positivo, las cosas que tú quieres que hagan, e ignora el comportamiento negativo, las cosas que quieres que olviden. Así que, saca las golosinas, los elogios y el frisbee.

El Mundo Real

Lo que he encontrado en el mundo real de los perros y el comportamiento es esto. Algunas técnicas de adiestramiento funcionan con algunos Pastores Alemanes y otras no. "¿Por qué es eso?", te preguntarás. Realmente no es ciencia espacial. Cada perro tiene su propia personalidad y puede ser un introvertido o un bebé bullicioso que solo quiere estar alborotado. Algunos perros solo responden a una voz elevada o a algún tipo de corrección física. Con esto no me refiero a golpear al perro, pero podría ser algo como lo siguiente.

*Foto cortesía de
Jenny Bowden*

Foto cortesía de George Haslam

Cody y la Coprofilia

Cuando mi Pastor Alemán, Cody, era un cachorro joven, se dedicaba a una actividad que desconcierta y disgusta a muchos dueños de perros. Estaba fascinado por sus propias heces. Tan absorto en ellas (uso esa palabra intencionalmente), que se comía su propio excremento. En aquellos días poco iluminados, le decía que no, y quizás sostenía su nariz cerca de un montón humeante y le decía que no, una y otra vez. Eso no funcionó.

Un día, un adiestrador de perros visitó nuestra casa y le expliqué lo perplejo que estaba por la fascinación fecal de Cody. Mark, el adiestrador, me explicó que debería probar esta técnica cada vez que Cody realizara su inspección de excrementos. Me aconsejó pararme muy cerca de él y cuando bajara la nariz para examinar sus heces, debía tomar tres dedos rígidos y darle un ligero golpecito en el costado y decir no. La teoría era que el golpecito sería una distracción para él, un reinicio en otras palabras, y por supuesto la palabra "no" reforzaría dejar sus excrementos en paz. Bueno, pasé demasiado tiempo parado muy cerca de las heces de perro, pero ¿sabes qué? Al final, Cody lo abandonó. ¿Se lastimó en el proceso? Tal vez su orgullo, cuando no se le permitió continuar con su actividad infantil, pero aparte de eso, aprendió a alejarse después de hacer sus necesidades.

El Mundo Real: Parte 2

De vuelta en el mundo real, he descubierto que partes de la teoría de la manada funcionan y se relacionan con mi vida diaria con un Pastor Alemán de opiniones firmes, y la mayoría del enfoque de refuerzo positivo puede usarse regularmente. Cada Pastor Alemán es un rompecabezas complejo que solo tú te tomarás el tiempo de resolver. Es posible que nunca lo resuelvas por completo. Eso también está bien, siempre y cuando hagas el esfuerzo de por vida de seguir intentándolo. Lo difícil de la relación humano-Pastor Alemán es que ellos te descifran a ti mucho antes de que tú tengas una idea de lo que los hace funcionar.

Habiendo tratado ahora con parte de la controversia en el mundo del adiestramiento canino, sigamos adelante. Mencioné el comportamiento agresivo al principio de este capítulo. Todos lo encuentran en mayor o menor grado, especialmente si hay otros ciudadanos caninos en la casa. Veamos cómo aliviar la animosidad y mantener las cosas lo más tranquilas posible en el frente doméstico.

¿Doble Problema?

Es tentador pensar en traer a casa dos cachorros de Pastor Alemán de la misma camada. O incluso dos Pastores Alemanes no relacionados. Se tendrán el uno al otro para hacerse compañía cuando tú no estés. Los niños tendrán cada uno su propio perro. Nos gustan los perros, siempre quisimos más de uno. Esa es la visión color de rosa de adoptar más de un cachorro. Seamos más prácticos. Considera estas cosas:

1. El costo. No me refiero a los gastos iniciales del criador y la instalación. Me refiero a tu tiempo, el adiestramiento que requerirán y el hecho de que deberían ser socializados por separado tanto como sea posible. Es para su beneficio mutuo, para que puedan adquirir confianza por derecho propio y no volverse dependientes el uno del otro.

2. Muchos adiestradores de perros sugieren que los cachorros deben ser paseados individualmente, dormir por separado, comer por separado y solo tener un par de momentos de juego preestablecidos entre ellos durante el día. ¿Es eso factible en tu situación?

3. Estamos hablando de cachorros de Pastor Alemán aquí. Un cachorro por sí solo requiere una inmensa cantidad de dedicación y compromiso por parte de los dueños. Recuerdo una conversación a altas horas de la noche con mi esposa donde ella estaba decidida a devolver nuestro Pastor Alemán al criador porque era demasiado difícil de manejar. Superamos ese bache en el camino, pero, amigos, un cachorro es más que suficiente.

Si has considerado estas preocupaciones y no tienes reparos en seguir adelante con traer a casa dos cachorros, te digo que más poder para ti. Aquí hay más cosas en las que pensar antes de dejar tu depósito por esos hermanos y despedirte de cualquier tiempo libre.

- Asegúrate de que los dos cachorros no pasen tanto tiempo juntos que desarrollen un vínculo primario entre ellos. Si lo hacen, puede interferir con su adiestramiento y socialización más amplia. Podrían simplemente dejar de escucharte a ti.

- La ansiedad por separación podría ser un problema a pesar de tus mejores esfuerzos. Mantente alerta a los primeros signos de esto y podría significar que el remedio es aún menos tiempo juntos.

- Si los horarios de trabajo tuyos y de tu pareja hacen que ambos estén fuera de casa durante una buena parte del tiempo, dos Pastores Alemanes no es una buena idea. No podrás realizar el monitoreo necesario para mantener a Gunner y Gretchen fuera de problemas.

- Especialmente durante el período de entrenamiento para hacer sus necesidades, no podrás hacerlo todo tú mismo. Tu pareja y los niños tendrán que desempeñar un papel importante durante este tiempo.

- Hay investigaciones que muestran que las peleas y la agresión entre hermanos de camada pueden ser mayores que con perros no relacionados. Esto puede complicar la socialización porque el hermano de camada tolera comportamientos que ningún perro extraño que se respete toleraría.

¿Quién Dejó Salir a los Perros?

Hay una pelea continua en la casa. Un miembro de la familia está continuamente metiéndose en disputas con alguien más en la familia y simplemente no le dan un descanso. Es como si estuvieran programa-

Foto cortesía de Brent Ferguson

dos para irritarse mutuamente. Pero estos no son niños humanos, donde todos reciben un tiempo fuera para calmarse. Son hermanos caninos que no pueden verse cara a cara, y si uno de ellos es un Pastor Alemán, incluso un cachorro grande puede causar mucho daño en una pelea libre.

En el capítulo anterior tocamos cómo presentar a tu nuevo cachorro de Pastor Alemán al perro existente en el hogar. Pero, ¿qué pasa si eso no parece estar funcionando? ¿Qué pasa si simplemente no pueden llevarse bien? Cuando crecía, mis padres tenían un Border Collie y un Bóxer por un tiempo. Recuerdo a mi madre tratando de separar peleas de perros con una silla y una escoba. El altercado solía ser alrededor de la hora de la comida. Duke, el Bóxer recién llegado, inevitablemente terminaba su comida primero y luego se dirigía al plato del collie. Lassie no toleraba eso y comenzaban los gruñidos y mordiscos. Después de algunas tremendas peleas, mi madre se dio cuenta de que los dos perros simplemente no podían ser alimentados al mismo tiempo en el mismo lugar. Mi madre no lo sabía en ese momento, pero cuando dejó de alimentar a los perros juntos, estaba eliminando uno de los "factores de estrés" en la relación canina. Así que, profundicemos un poco más en la situación de rivalidad entre hermanos.

Cambiando de Enfoque

Tú sabes que si la situación que tienes no está funcionando, necesitas cambiar de enfoque. La parte más difícil de modificar tu situación doméstica con perros es determinar cuáles son los irritantes específicos. La segunda parte más difícil es descubrir cómo cambiar las cosas. No todos los perros se llevarán de maravilla, pero la mayoría pueden ser adiestrados para vivir juntos.

- Revisión de salud. Tu Pastor Alemán probablemente está razonablemente saludable porque lo has estado llevando al veterinario periódicamente para vacunas y chequeos. Es una buena idea llevar al perro mayor para un chequeo general solo para asegurarte de que no haya ninguna condición médica causando la agresión.

- Identifica cualquier factor de estrés que podría estar llevando a las peleas de perros. Esos desencadenantes de agresión pueden ser desde comida y juguetes hasta el timbre sonando. Luego elimina o modifica esos desencadenantes. Por ejemplo, nuestro timbre está en perfecto estado de funcionamiento, pero tenemos cinta adhesiva sobre él para que nadie lo use.

- Si realmente crees que tu perro mayor está siendo estresado por el Pastor Alemán, entonces puedes necesitar llamar a un adiestrador que tenga experiencia en modificación positiva del comportamiento. Se puede hacer, pero requiere algo de planificación y tiempo. La ayuda profesional puede ser un salvavidas.

- Después de consultar con un profesional, puede ser que tus dos perros no puedan continuar viviendo en la misma casa. Si debes tener un "hijo único", dedica algún tiempo a encontrar la familia adecuada para llevar a tu otra mascota a sus vidas. Es una decisión difícil, pero la seguridad de tus perros es primordial, lo que significa que tienes que hacer lo correcto.

Otra cosa importante para recordar es que la agresión del perro residente hacia tu Pastor Alemán puede no estar basada solo en una cosa. Al igual que cuando los humanos pierden los estribos, para los perros a menudo no es lo que acaba de suceder, sino una serie de cosas que conducen a los gruñidos y los mordiscos lo que ha llevado al perro más allá del umbral de mordida. Eliminar lentamente los posibles desencadenantes de agresión uno por uno puede hacer que las cosas vuelvan a la normalidad.

Mi Consejo

- Aumenta la cantidad de ejercicio para ambos perros. Esto puede ayudar a reducir la intensidad de sus comportamientos. Los cachorros cansados estarán menos inclinados a antagonizarse entre sí.

Ese consejo es la transición perfecta al siguiente capítulo. Tú no quieres un perro que sea un sedentario rondando por la casa. Algunos estudios sitúan el porcentaje de perros obesos en los EE.UU. en más del cincuenta por ciento. Si comienzas el estilo de vida de tu perro con las cuatro patas correctas, no deberías tener que preocuparte de que se convierta en una de esas estadísticas de peso pesado.

CAPÍTULO 10
Explorando tus opciones de ejercicio

Foto cortesía de Jamie St. Martin

Los Pastores Alemanes han sido criados para tener energía. Mucha energía. Existe una vieja broma entre los dueños de Pastores Alemanes. La buena noticia es que tú eres el orgulloso dueño de un Pastor Alemán. La mala noticia es que tienes que ejercitarlo. Bueno, en realidad no es una mala noticia, pero descubrirás que definitivamente se trata más de una maratón que de una carrera corta. La mejor manera de lidiar con las insaciables demandas de ejercicio de tu perro es tener un horario, ser fiel a ese programa y asegurarte siempre de que Thor esté cansado al final del día. Tu enfoque para ejercitar a un cachorro de Pastor Alemán será completamente diferente al de un perro adulto, así que dividiré esto en dos secciones. Pero antes de llegar ahí, quiero mencionar algo sobre vivir en el mundo del Pastor Alemán. Una vez que tengas un Pastor Alemán y comiences a hablar con adiestradores, y a participar en foros sobre Pastores Alemanes en las redes sociales, descubrirás que hay al menos dos opiniones sobre cómo abordar todo en el Mundo del Pastor Alemán. Eso también se aplica al ejercicio de tu cachorro. Existe una escuela de rendimiento para cachorros que es extremadamente conservadora, que aboga por algo de ejercicio pero nada extremadamente estructurado, dejando que el cachorro gaste su energía corriendo y quizás jugando con algunos de sus compañeros cachorros. La otra escuela de pensamiento dice que los Pastores Alemanes son paquetes de energía, especialmente los cachorros, y deberíamos ayudarles a gastar esa energía para mantenerlos algo civilizados. Mi experiencia con mi propio Pastor Alemán y la observación de otros me sitúa en algún punto intermedio entre ambos bandos. Llámame maestro de la moderación.

Primeros pasos

"Los cachorros jóvenes no deben hacer ejercicio en exceso, 10-15 minutos como máximo, caminando al principio no más allá de 2 casas o una cuadra y de regreso. Trotar con un perro joven de 12 meses o menor no es bueno para sus caderas. Los cachorros están desarrollando sus huesos hasta que tienen 12-13 meses de edad."

Sharon
Pretorian Kennel

Tu cachorro está creciendo rápidamente. Todo lo que tiene el pequeño Thor se está desarrollando a un ritmo acelerado. Y eso puede ser un problema. Demasiado ejercicio y los tipos incorrectos de actividad pueden dañar a tu cachorro de Pastor Alemán de por vida. ¿La razón? La culpa es de algo llamado "placas de crecimiento". Estas se encuentran en los extremos de los huesos largos de las patas de tu pequeño perro y

consisten en cartílago que gradualmente se endurece hasta convertirse en hueso a medida que Thor crece. El ejercicio excesivamente extenuante, las actividades con impactos como saltar o bajar escaleras corriendo, pueden dañar las placas de crecimiento y dejar a un cachorro de Pastor Alemán con deformidades como patas arqueadas o incluso el desarrollo temprano de displasia. Por lo tanto, hasta que las placas se cierren y terminen de crecer (lo que ocurre alrededor de los dieciocho meses de edad) solo se recomienda ejercicio moderado. Sugeriría que no se incluya ningún ejercicio forzado en tu programa para cachorros. Esta es mi opinión sobre el tema.

No fomentes juegos de saltos o brincos. Definitivamente nada de saltar en el aire para atrapar frisbees. Con esto me refiero a no hacerlo una y otra vez. De vez en cuando está bien. Recuerda, dije moderación.

Sí realiza muchos paseos. Los cachorros pueden detenerse y olfatear a su propio ritmo. Incluso tú podrías perder algunos kilos.

No intentes convertir a tu cachorro en una máquina de subir escaleras. Algunas escaleras durante el día está bien, pero no como un programa de ejercicio.

Sí juega mucho a buscar o cualquier versión de este juego que tu cachorro pueda manejar. Los Pastores Alemanes están locos por las

Foto cortesía de
Eve Dering

pelotas, así que no tendrás problemas para involucrarlos. Lograr que traigan la pelota de vuelta y la suelten es un asunto completamente diferente.

No pongas una correa a tu cachorro y lo lleves a trotar o a andar en bicicleta. Necesitas darle a tu perro la oportunidad de tomar descansos naturales y reposar. Especialmente evita las superficies duras como el concreto cuando ejercites a tu cachorro de Pastor Alemán. El césped es lo ideal.

Sí juega a juegos como el escondite. Algo de carrera, algo de olfateo, algo de concentración mental, no hay nada mejor que eso. Después de unos minutos de esto, podrás ver cómo se cierran los ojos del cachorro y el tiempo de juego se convierte en tiempo de siesta.

No se excedas en la cantidad total de ejercicio. Una pauta general que algunos adiestradores de Pastores Alemanes recomiendan es cinco minutos de ejercicio por mes de edad. Así, un cachorro de cuatro meses está bien con veinte minutos a la vez, siendo tú quien juzgue cuántas veces al día ejercitas a Thor.

Sí comprueba si le gusta el agua. Cuanto antes un cachorro aprenda a nadar, más tiempo de ejercicio se puede dedicar al agua. Al igual que con los humanos, es un ejercicio muy amigable para el cuerpo de tu mejor amigo.

Una última palabra sobre los cachorros y el ejercicio. Son participantes entusiastas en cada juego, cada paseo, cada lanzamiento de palo. La mayoría de ellos no saben cuándo parar y correrán hasta caer rendidos si tú lo permites. No hagas eso. Es generalmente cuando un cachorro ha excedido sus límites que se mete en problemas, tanto física como socialmente. Tú también deberías convertirte en un maestro de la moderación.

El mambo de la madurez

Cuando tu Pastor Alemán alcanza los días embriagadores de la edad adulta, aproximadamente alrededor de los dieciocho meses, las opciones de ejercicio de Thor y, de hecho, sus requisitos físicos cambian significativamente. Seguirá siendo una bola de fuego, pero tú podrás estructurar tu tiempo de ejercicio para que coincida con el tuyo propio. Eso puede ser una verdadera ventaja para ahorrar tiempo cuando no tienes que programar dos períodos de entrenamiento diferentes. Antes de avanzar demasiado por ese camino, creo que es importante mencionar una pauta que sigo religiosamente.

Foto cortesia de
Brian Nainby

Mi consejo

- No ejercites a tu Pastor Alemán después de comer. Puede que ellos quieran, pero el perro necesita tiempo para digerir. Las razas grandes como los Pastores Alemanes son susceptibles a algo llamado torsión gástrica. Esto ocurre cuando el estómago del animal se retuerce y, si no se obtiene ayuda veterinaria inmediata, puede ser fatal. Asegúrate de que todos se relajen después de la comida.

Ahora que tienes un Pastor Alemán adulto, puedes comenzar a probar sus límites y asegurarte de que cuando termine cada día, tengas un perro cansado en tus manos.

- Natación canina. A los Pastores Alemanes les encanta el agua y si le enseñaste a Mischa los fundamentos desde temprano, le encantará nadar y traer cosas de vuelta a la orilla. La natación es el mejor ejercicio para los Pastores Alemanes de todas las edades.

- Mezcla de senderos. Hacer senderismo con tu perro es un buen ejercicio para ambos, pero será más estimulante mental y físicamente para Mischa que dar una vuelta por el parque del vecindario.

- Cargando peso. Para ayudar a cansar a tu Pastor Alemán, puedes equiparla con una mochila con algunos artículos ligeros para empezar. Si estás acampando y tu perro está en buena condición, puede ayudar a llevar la carga.

- A trotar. Tienes todas las razones para llevar a tu Pastor Alemán cuando retomes tu rutina de trote. Cuando no estés corriendo, Mischa también sería una buena compañera para andar en bicicleta.

- Fanático del frisbee. Puedes sacar mucho provecho de un frisbee. El disco que planea y flota le proporciona a un Pastor Alemán interminables horas de acondicionamiento y entretenimiento.

- Juegos infantiles. No olvides los pasatiempos de cachorro. El escondite, lanzar la pelota, especialmente con un lanzador de pelotas.

- Cara a cara. El tira y afloja es una prueba amistosa de fuerza que ocupa algo de tiempo. Útil en interiores en un día lluvioso.

- Resolución de problemas. Los juguetes de rompecabezas con comida pueden servir tanto como una comida como una gran estimulación mental. ¿No podríamos todos usar más de eso?

Ese último punto sobre la estimulación mental me lleva a la parte más reflexiva de este capítulo. Tu Pastor Alemán puede quedar tan fatigado por la estimulación mental como por cualquier caminata en un sendero de montaña. Si puedes llegar a un área sin correa, y tienes buen control de llamada, simplemente deja que tu Pastor Alemán deambule

Foto cortesía de
Sherry Schuessler
schuesslerstudios.com

y olfatee. Sus sentidos estarán tan ocupados que ni siquiera te darás cuenta de lo cansada que está Mischa hasta que se quede dormida antes de la cena. Idear formas de desafiar a tu Pastor Alemán es donde tu propia creatividad puede realmente brillar.

Tenemos un gran barril de plástico en nuestro patio trasero. Alternativamente, coloco el frisbee de Cody encima del barril boca abajo, dentro del contenedor en posición vertical, y debajo del barril volcado. Hago que Cody se siente a unos cincuenta metros de distancia cada vez, luego lo libero para que corra hacia el barril y recupere su juguete, a veces parándose sobre sus patas traseras para morder el frisbee en la parte superior o a veces teniendo que empujar el barril para obtener el frisbee. Él se contenta con ir a acostarse durante unos minutos después de un entrenamiento de diez minutos de frisbee con barril.

Ahora bien, gran parte de la estimulación mental de tu Pastor Alemán vendrá del adiestramiento en el que tú y tu perro dediquen tiempo. Coincidentemente, ahí es donde vamos en el próximo capítulo que me gusta llamar "¿Quién adiestra a quién?"

CAPÍTULO 11
¿Quién adiestra a quién?

"No pierdas la paciencia durante el adiestramiento. Si no están captando lo que se les enseñas, es porque estás haciendo algo incorrecto en la base del adiestramiento y has omitido pasos"

Tracy Berg
vom Haus Berg Pastores Alemanes

Foto cortesía de Mark Hager

El componente más importante del programa de adiestramiento de tu Pastor Alemán eres tú. Esto se debe a que tu Pastor Alemán tiene aptitudes naturales; Brunhilde va a aprender lo que necesita saber relativamente rápido. De hecho, si no prestas atención, tu perro gradualmente tomará el control de la agenda. El eslabón débil en el departamento de adiestramiento suele ser el humano. Con frecuencia, esto ocurre porque el enfoque carece de concentración, un poco de esto combinado con algo de aquello, hacerlo de vez en cuando, y el trabajo está hecho. Bueno, no tan rápido. Para mantenerse en el camino correcto, aquí hay algunas preguntas que debes hacerte antes de tomar una correa o poner golosinas en su bolsillo.

- ¿Qué deseas lograr en tus sesiones de adiestramiento?
- ¿Cuáles son tus expectativas?
- ¿Cuáles son tus objetivos específicos?
- ¿Cuánto tiempo puedes comprometerte a dedicarle?

Incluso si tu objetivo final es tener una mascota familiar bien educada, el enfoque general para adiestrar a tu Pastor Alemán no será muy diferente al de alguien que busca participar en deportes competitivos como el Schutzhund, que se centra en el rastreo, la obediencia y el trabajo de protección. El punto de partida, los fundamentos básicos, son los mismos. Si has definido claramente tus objetivos y has planificado las cosas, tú y Brunhilde lo lograrán. Los Pastores Alemanes quieren trabajar. El deseo de estar ocupados está en su ADN. Tu trabajo es hacer que el adiestramiento sea una de las actividades que tu perro ame realizar.

Principios para el progreso

- Consistencia. Los Pastores Alemanes son extremadamente inteligentes y aprenden nuevos comportamientos con entusiasmo. Esa es la parte fácil de este principio. La parte más difícil es reforzar mediante la repetición lo que se ha aprendido hasta que ese comportamiento se convierta en algo natural. Necesita convertirse en un hábito.

Foto cortesía de Cindy Harr

- El momento es crítico. Si puedes reforzar o corregir una acción inmediatamente, mientras está ocurriendo, los Pastores Alemanes aprenderán la lección en ese mismo instante. Estar atento a las situaciones, ser observador, acelerará inmensurablemente el ritmo de tu adiestramiento.

- Método KISS. Mantenlo Sucinto y Simple. Los Pastores Alemanes no hablan español, así que lanzar un montón de palabras no les ayudará. Utiliza solo palabras que signifiquen algo, que representen la orden en sí.

- Breve y exitoso. Tus sesiones deben ser cortas, diez minutos cada vez, y siempre terminando con una nota positiva.

- Paciencia y elogio. Combina estos dos y definitivamente estarás en el camino correcto. Si un perro percibe enojo, se concentra en eso, por lo que mantener la paciencia es clave. El elogio es una recompensa; combinar lo positivo verbal con caricias y alguna golosina ocasional lleva el refuerzo a un nivel superior.

- Evita el castigo. No hay lugar para castigar a tu Pastor Alemán en absoluto, pero especialmente durante el adiestramiento. Si tu perro no te está dando el comportamiento deseado, entonces retrocede y busca el eslabón débil. No deberías tener que buscar demasiado lejos.

- Sé un líder. Toma el control y muestra a tu Pastor Alemán lo que quieres que haga. Algunos adiestradores utilizan términos como "alfa" o "amo" para indicar el papel del dueño. Llámate como quieras, pero sé un líder.

Diferentes métodos

Muchas personas adiestran a sus perros únicamente con órdenes verbales, y eso obviamente puede lograr el efecto deseado. Hay otros métodos, quizás además del adiestramiento verbal, que podrías querer incorporar a tu régimen. A algunos adiestradores les gusta usar señales con las manos cuando trabajan con sus Pastores Alemanes. Aquí está por qué podría tener sentido para ti añadir movimientos manuales a tu repertorio de adiestramiento.

Beneficios del lenguaje corporal

- Las señales con las manos son sutiles cuando deseas comunicarte con tu Pastor Alemán en silencio. También son útiles para dar indicaciones a distancia.

- Los gestos pueden mantener la comunicación entre los dueños y los perros con problemas auditivos. Los perros mayores con audición deteriorada tendrán una excusa menos para ignorarte.

- Muchos deportes de competición canina utilizan señales con las manos, por lo que estarías adelantado si comienzas temprano con un enfoque práctico.

- Las señales con las manos pueden reforzar el vínculo entre el amo y el perro. Obligan al perro a mantener la vista constantemente en su humano, que es lo que todo adiestrador busca.

- Usar órdenes verbales y señales con las manos juntas puede acelerar el aprendizaje de tu Pastor Alemán. Esto se debe a que los perros están naturalmente programados para observar las señales físicas de su humano.

Si nunca has pensado en usar señales con las manos, intenta experimentar con tu propio perro. Con bastante frecuencia llevo a mi Pastor Alemán, Cody, a paseos sin correa debido a la propiedad rural en la que vivimos. A veces, cuando estamos en senderos, al llegar a una bifurcación, él me mira antes de continuar. Si hago un gesto hacia la derecha o la izquierda, Cody se va por ese sendero. Observarte a ti y tus manos es algo natural para los Pastores Alemanes, por lo que incorporar algunas señales manuales en su rutina diaria podría darles a todos un poco más de dirección.

Adiestramiento con clicker

El uso de un clicker se enmarca perfectamente en la estrategia de refuerzo positivo que he defendido a lo largo de este libro. Antes de entrar en cómo funciona el sistema del clicker, solo quiero volver brevemente a una discusión sobre la raza del Pastor Alemán.

Lo que he descubierto con mi propio Pastor Alemán y con algunos otros que he conocido es que son animales muy sensibles. Las personas que no están familiarizadas con los Pastores Alemanes podrían decir:

"¿Sensible? ¿Cómo puede ser sensible ese grandullón intimidante con su ladrido amenazador? Parece que quiere arrancarme la pierna". La mayoría de las veces, esa impresión es solo un estereotipo adquirido inconscientemente. Los Pastores toman muy en serio lo que les dices y lo que les haces. Por lo tanto, si les grita con frecuencia o tienes tendencia a empujarlos, con el tiempo comenzarán a reaccionar mal ante esa disciplina negativa. No tengo problema en decirle a Cody que vaya a acostarse y tome un descanso porque ha decidido cavar junto a su arbusto favorito. Nunca lo llevaría a su jaula y lo mantendría allí como castigo por cavar. A medida que pases tus días de adiestramiento, recuerda que tu Pastor Alemán es un perro, pero también es uno de tus mejores amigos. Trátalo como e gustaría ser tratado.

Mi consejo
En el entrenamiento de perros, tonto es un sustantivo, no un verbo

- Dr. Dennis Fetko

Volviendo a los aspectos positivos del adiestramiento con clicker. Es una técnica simple. No se necesita ser un genio para dominarla. Desde mi perspectiva, es más beneficiosa cuando se inicia el adiestramiento de tus perros. Es posible que desees abandonarla eventualmente a favor de órdenes verbales y señales con las manos, pero esa es una elección que puedes hacer más adelante. Aquí hay una descripción rápida de cómo un clicker puede convertirte en un maestro adiestrador de perros. Bueno, eso es un poco exagerado, pero el sistema funciona y ningún animal resulta dañado durante el proceso.

El cebo del clic

Con el adiestramiento con clicker, estás condicionando a tu Pastor Alemán para realizar tareas con el entendimiento de que cuando se siente, por ejemplo, el clicker sonará y recibirá una golosina. La clave es asegurarte de que la recompensa se entregue simultáneamente con el sonido del clicker, para que, para el perro, el sonido y la golosina tengan una conexión íntima. Si deseas profundizar más en la psicología de cómo y por qué funciona este enfoque, investiga estos métodos de aprendizaje:

- Condicionamiento clásico. Aprendizaje por asociación, como en el experimento del perro salivante de Pavlov
- Condicionamiento operante. Aprendizaje a través de un sistema de recompensas y castigos

El toque personal

Puede llegar un momento en tu adiestramiento en el que te encuentres con un obstáculo. Podría ser algo simple, como lograr que Brunhilde camine correctamente con la correa. ¿Por qué menciono ese ejemplo en particular? Es simple. Esa es un área en la que siempre he tenido dificultades con mi perro. Cuando descubrí que no estaba progresando con el paseo con correa, decidí acudir a un adiestrador personal. Puede ser una opción costosa, pero también es efectiva. En lugar de frustrarte a tí mismo y a tu Pastor Alemán, podría valer la pena acudir a alguien con ideas frescas. Si el problema que estás experimentando está relacionado con el comportamiento de tu perro, como morder o ladrar, es importante tomar medidas lo antes posible porque querrás tratar cualquier problema de comportamiento mientras tu perro es relativamente joven, digamos en los primeros doce meses de su vida.

También deberás asegurarte de que el adiestramiento que selecciones esté en línea con tu propia filosofía personal. La mayoría de los adiestradores de buena reputación pasarán algún tiempo introductorio contigo para asegurarse de que están en la misma sintonía. Una pregunta importante para hacer: "¿Has adiestrado Pastores Alemanes antes?" He visto adiestradores que no tienen idea de cómo trabajar con un Pastor Alemán. Esas personas solo añadirán más dificultades a tus problemas. Aquí hay un recordatorio rápido de algunos enfoques generales que están disponibles.

Técnicas de adiestramiento para considerar

1. Refuerzo positivo. Pongo esto en el primer lugar porque es la técnica que más funciona para mí. El buen comportamiento se recompensa; el comportamiento no conforme no recibe recompensa ni reconocimiento.

2. Alfa/Manada. En este enfoque, Tú eres el alfa en tu relación con tu Pastor Alemán y todo lo que haces apoya tu dominancia. Es posible que desees mezclar algunas de las técnicas para lograr lo que funcio-

Foto cortesía de Colleen Toía

Foto cortesía de
Emily Birish

na para ti individualmente. Alfa y refuerzo positivo pueden funcionar juntos hasta cierto punto.

3. Método electrónico. Esto implica el uso de collares que entregan una descarga cuando el perro muestra un comportamiento no deseado. Es un método de castigo y lo sugeriría solo como último recurso, utilizado en consulta con un adiestrador profesional familiarizado con los dispositivos y las posibles repercusiones.

Si encuentras que trabajas bien en grupos con tu Pastor Alemán, las clases avanzadas de obediencia también podrían ser una solución cuando te quedes estancado en tu propio adiestramiento. Si estás extremadamente orientado a objetivos, podrías considerar preparar a Brunhilde para una de las diversas pruebas de Buen Ciudadano Canino. La Federación Cinológica Internacional ofrece una buena. Este tipo de instrucción puede proporcionar una buena base para el adiestramiento avanzado en el que participan muchos Pastores Alemanes.

Ahora que hemos cubierto algunos de los tipos básicos de adiestramiento, es hora de tratar algunas de las órdenes fundamentales que todo Pastor Alemán necesita conocer. Sería más fácil si los perros vinieran con un paquete de órdenes ya instalado, pero no hemos avanzado tanto en el mundo del adiestramiento canino. Tendrás que ser tu propio mecánico en este caso.

CAPÍTULO 12
Ejecución de Comandos

"Los Pastores Alemanes son tanto fáciles como difíciles de adiestrar. Son inteligentes y aprenden rápidamente, pero también encontrarán las lagunas en tu adiestramiento y las aprovecharán. La consistencia es extremadamente importante; tú necesitas ser lo más claro posible y establecer límites firmes. No 'a veces', no significa no."

Celeste Schmidt
Dakonic German Shepherds

Tomo algo que llamo mi "píldora de paciencia" cada mañana. No es realmente una "píldora tranquilizante". Es más bien un ajuste a mi mentalidad, generalmente realizado mientras contemplo un tazón de avena. Sé que cuando salgo con mi Pastor Alemán, Cody, para practicar comandos, por bueno que sea, todavía necesito respirar profundo y recordar mantener la compostura y ser tolerante. Verás, los perros quieren complacer y se esforzarán mucho, pero no siempre lo hacen bien la primera vez que intentan algo, ni la segunda ni la tercera.

Así que, cuando tú y tu cachorro comiencen a trabajar en tu conjunto básico de comandos, debe hacerse con autocontrol y cierta moderación de tu parte. Y golosinas, ¿mencioné las golosinas?

Puedes comenzar a trabajar con tu cachorro de Pastor Alemán tan pronto como lo lleves a casa, lo que no debería ser antes de las ocho semanas de edad. Cuando son tan jóvenes, una de las primeras cosas que necesitan aprender es su nombre, su alias, su nom de chien. El hecho de que diga Bella en su placa de identificación no significa que ella sepa que es Bella. A medida que avancemos en este capítulo, utilizaremos el nombre "Bella" para referirnos a tu nuevo cachorro, cualquiera que sea su nombre.

Reconocimiento del Nombre

Una de las primeras cosas que debes asegurarte es que Bella siempre te mire cuando se le pidas. Durante toda su vida. La forma más sencilla de enseñar eso (como con todos los comandos) es el enfoque de dos puntas. Di el nombre de tu perro, y cuando el levante la mirada hacia tu rostro esperanzado, aplaude, di "sí" o cualquier estímulo físico/verbal que quieras dar, y luego entrega una golosina de tu bolsillo lleno. El ejercicio del nombre puede incorporarse a cualquier otra rutina en la que estés trabajando, pero como con todos los ejercicios, no te excedas. Si Bella no te mira cuando la llamas por su nombre, prueba esto para refrescar su memoria.

1. Colócale la correa.

2. Llámala por su nombre.

3. Si no responde, llámala por su nombre nuevamente y da un pequeño tirón a la correa, lo que casi con seguridad hará que Bella te mire.

4. Dale elogios verbales, seguidos de cerca por lo más importante a los ojos de tu Pastor Alemán, la golosina.

Sé que amas a tu perro. Bella-Wella es una de las cosas más preciosas en tu vida, pero al menos cuando tu Pastor Alemán es joven, debes abstenerte de usar nombres lindos o apodos para Bella. Ella necesita acostumbrarse primero a su nombre dado antes de todos los nombres cariñosos que recibirá a lo largo de la vida de un perro. Te sugiero que elijas un nombre con no más de dos sílabas para que sea fácil de decir y/o gritar en el parque para perros. Bartolomé no es precisamente algo que se diga con facilidad.

Siéntate

"Señuelo" es un término utilizado en el mundo del adiestramiento canino para describir cómo emplear la promesa de una golosina para provocar la acción deseada. El señuelo nunca es más útil que cuando es hora de enseñar a tu perro a plantar su trasero. Cuando enseñes a tu Pastor Alemán a sentarse, toma la golosina y sostenla justo frente a su nariz. Levanta lentamente la golosina poco a poco para que el perro levante la cabeza. La mayoría de los cachorros asumirán automáticamente la posición de sentado mientras siguen con entusiasmo la golosina e intentan dar un mordisco. Una vez que estén sentados, da el comando "siéntate" y, por supuesto, entrega la golosina. Repita hasta que tú tengas que sentarte. Ahora también sería el momento de pensar en introducir señales con las manos que coincidan con tus comandos verbales, si puedes manejar toda esa presión a la vez.

Come

"Ven" es probablemente el comando más importante que le enseñarás a tu perro. Podría salvarle la vida en algunas circunstancias. Por lo tanto, necesitas lograr que tu cachorro responda al comando de llamada temprano y practique a menudo. Aquí está la técnica que ha funcionado para mí. Tú estás con Bella en el patio trasero. Es mejor estar en un espacio contenido donde nadie pueda escapar y las distracciones, con suerte, serán mínimas. Camina hacia atrás mirando a tu Pastor

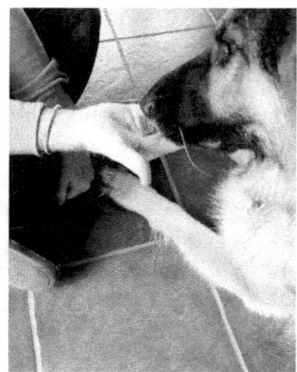

Alemán con una golosina en la mano, llamándolo por su nombre y diciendo "ven". Lo más probable es que Bella corra hacia ti. Entrega la golosina con muchos elogios y hazlo varias veces más, pero nuevamente sin excederte. Es posible que tengas que realizar varias sesiones como esta en diferentes días antes de que Bella comience a asociar el movimiento hacia ti con el comando "ven". En el momento que tú elijas, deja de usar el nombre de Bella y usa solo el comando.

Mi Consejo

Practica agarrar el collar al mismo tiempo que trabajas en la llamada. Esto acostumbrará a tu perro a que tú sostengas su collar. En una emergencia, debes poder "agarrar" a tu Pastor Alemán fácilmente para mantenerlo alejado del peligro o al menos lejos del pastel de cumpleaños.

¡No Haga Esto!

Nunca llames a tu perro hacia ti y luego lo castigues de ninguna manera. Si lo haces, le estás enseñando a Bella que puede haber repercusiones desagradables para ella si viene, por lo que podría dudar en venir o no escuchar el comando en absoluto. Aquí es donde tu paciencia puede ser puesta a prueba, pero toma una píldora tranquilizante y respira profundamente.

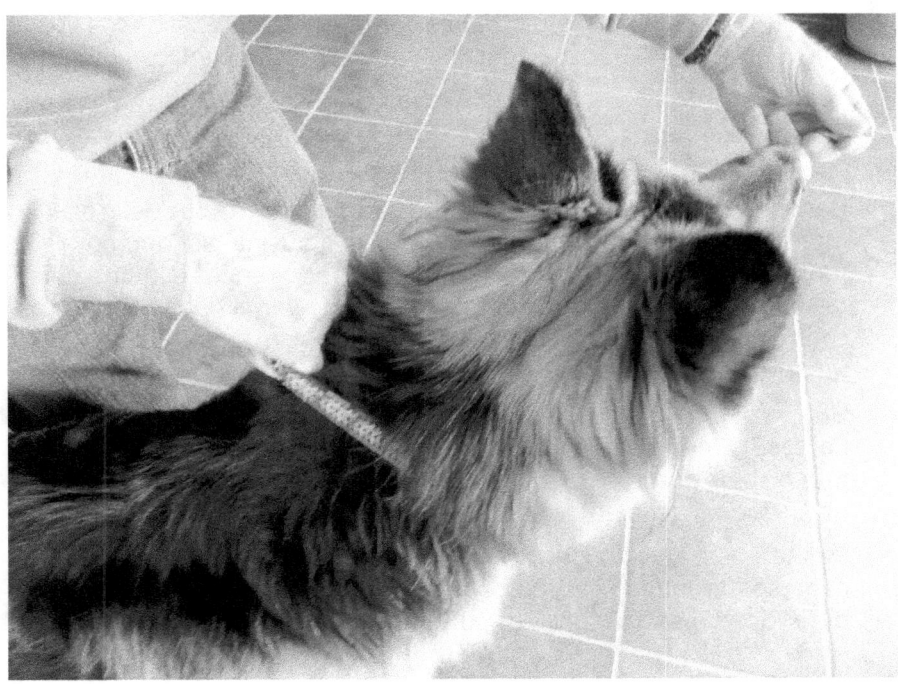

Déjalo

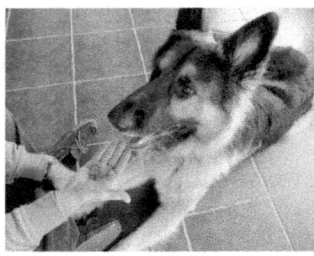

Adopto un enfoque de puño cerrado para enseñar a un Pastor Alemán a mantener su boca alejada de las cosas. Ahora recuerda lo difícil que es esto para un perro. Tu primera inclinación cuando ven algo que quieren investigar más a fondo, es ir a olfatear y luego clavar sus blancos dientes en lo que sea. Algunas de las cosas que pueden querer probar podrían matarlos. Por lo tanto, necesitas tener un comando que le diga a tu perro que se abstenga de su comportamiento natural. Es una tarea difícil y puede llevar tiempo y mucha baba de perro en tus manos, pero es imprescindible tenerlo en tu arsenal de comandos.

1. Coloca una golosina delectable e irresistible en la mano abierta en un lugar donde

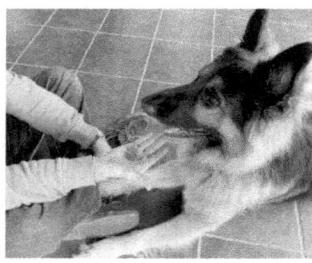

Bella pueda acercarse fácilmente a investigar.

2. Cuando Bella intente agarrar dicha golosina, cierra el puño y di "No, déjalo". Puede que babee y mordisquee tus dedos, pero sé fuerte y simplemente quédate ahí con el puño cerrado.

3. Cuando Bella detenga su asalto oral, abre el puño y repite el procedimiento.

4. Después de innumerables intentos de tu cachorro por destrozar tu mano, entenderá que no puede tener la golosina, así que en algún momento simplemente se sentará allí cuando tengas la mano abierta y la sabrosa golosina expuesta. Recuerdo ver la baba caer en cascada de la barbilla de Cody cuando estábamos en esta etapa.

5. Una vez que hayas comprobado que tu Pastor Alemán está sentado allí, más o menos bajo control, puedes decir "OK" y dejar que tenga la golosina.

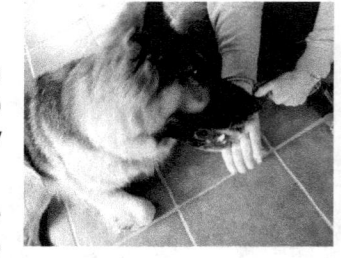

6. Repite hasta que tu perro solo te mire con esos grandes ojos marrones como diciendo: "Lo entiendo. Ya es suficiente".

Quieto

¿Todavía tienes esas golosinas a mano, verdad? Bien, continuemos. Hay algunos adiestradores de perros que dicen que no necesitan un comando de "quieto". Creen que cuando le dan a su perro una dirección, como "siéntate", por ejemplo, el perro debería simplemente sentarse para siempre hasta que lo liberes. Eso puede estar bien para algunas personas, pero nunca pareció funcionar así para mí. Siempre he usado un proceso de tres partes para implementar y liberar un comando de quieto.

1. Primero, uso un comando de "siéntate" o "échate".

2. Luego la dirección "quieto".

3. Por último, para finalizar el quieto, mi comando de liberación es siempre "libre".

"Pero espera un segundo", dices tú. "No me has dicho cómo hacer un quieto". Y tienes razón, me estaba adelantando un poco. Retrocedamos e intentemos de nuevo, quédate conmigo ahora. ¿Qué tal esto?

1. Poa a tu perro en la posición sentada.

2. Coloca tu brazo extendido frente a ti con la palma de la mano hacia Bella.

3. Dile "quieta" y da uno o dos pasos hacia atrás. Después de que tu Pastor Alemán haya permanecido en la posición sentada durante unos segundos, usa la palabra que desees para liberar a Bella y dale una golosina.

4. Si tu perro rompe su posición sentada de inmediato, reinicia el sentado con el brazo extendido y emite el comando "quieto" sin dar pasos. La proximidad a veces es importante y si un

perro siente que tú estás a su alcance, será más reacio a moverse sin permiso.

En última instancia, querrás trabajar en poner cierta distancia entre tu perro y tú mientras el está en modo "quieto", pero eso solo debe hacerse cuando Bella es confiable a uno o dos brazos de distancia.

Echarse

Aquí hay una pregunta para ti. ¿Cruzas las piernas cuando te sientas, independientemente de lo que diga tu médico? ¿Por qué crees que lo haces? Puedo decirte por qué cruzo las piernas cuando estoy sentado. Me hace sentir más cómodo. Me calma de alguna manera, de modo que si estoy en una fiesta aburrida y tengo que escuchar a alguien hablar sobre sí mismo, puedo sorber mi vino, sonreír y aguantar. Ahora, tu Pastor Alemán no se encontrará en demasiadas fiestas, me imagino, pero seguro que les gusta relajarse cuando piensan que las cosas están bajo control a su alrededor. Una de las formas en que a los perros les gusta relajarse es acostándose, por lo que es algo natural para ellos. Tu trabajo es hacer que sea natural para ellos escucharte y acostarse cuando se les ordene.

1. Haz que Bella se siente. Muéstrale que tienes su golosina más favorita y maravillosa en la mano.

2. Toma tu mano con la golosina, ponla frente a la nariz de Bella y luego mueve tu mano delante de ella y hacia abajo. La inclinación natural del cachorro será seguir su nariz directamente hasta el suelo. No olvides decir "échate" cuando lo logres.

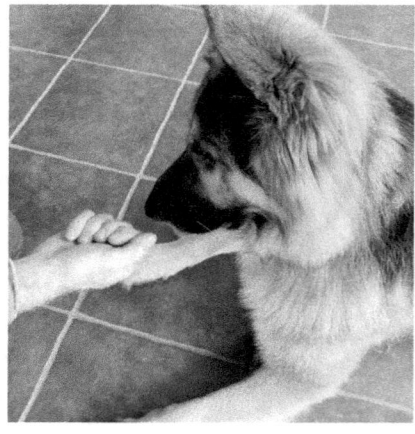

3. Listo, tienes un perro hacia abajo. Entrega la golosina y elogios profusos.

4. Después de dominarlo desde la posición sentada, practica el comando "échate" desde una posición de pie.

Suéltalo

La teoría detrás de este ejercicio en particular es hacer que tu Pastor Alemán participe en un juego de intercambio. Mi Pastor Alemán es un cazador de pelotas. La mayoría lo son. Durante mucho tiempo como cachorro, Cody corría con una pelota en la boca y ni siquiera pensaba en soltarla o entregarla a ningún humano. La pelota era una de sus posesiones más preciadas. Hasta que un día se dio cuenta de que yo podía lanzar su pelota y él podía perseguirla. Le encantaba perseguir la pelota pero todavía no quería entregarla una vez que la tenía. Estoy seguro de que fue un dilema para él. Una pelota en la boca frente a usar su instinto de caza y perseguir la pelota naranja. Nunca lo habría resuelto por sí solo y ahí es donde intervine. Pensé que si a Cody le encantaba tanto esa

pelota, podría amar dos pelotas el doble.

1.   Salí al patio con dos pelotas naranjas y un cachorro muy entusiasta. Con su atención puesta firmemente en mí, lanzaría una de las pelotas a una corta distancia.

2.   Cody correría enérgicamente tras la pelota, la agarraría con la boca y luego su inclinación natural era acercarse a mí, no para soltar la pelota, sino solo para burlarse de que él tenía la pelota y yo no.

3. Entonces le mostraría a Cody la segunda pelota en mi posesión, señalaría su pelota y luego el suelo, y diría "suelta". Esto, por supuesto, no funcionó las primeras veces, así que introduje el elemento de la golosina.

4. Armado con algunos trozos pequeños de pollo recién cocinado, le dije a Cody "suéltalo" y agité un trozo de pollo bajo su nariz de cachorro.

5. Cody soltó la pelota, comió la golosina y luego me miró

parado allí con una pelota en cada mano.

6. Así es como se desarrolló el proceso después de eso. Muchos más lanzamientos de pelota, más golosinas, hasta que finalmente Cody regresaba con su pelota y la soltaba bajo comando.

7. Eventualmente, las golosinas se eliminaron de la ecuación, reemplazadas por las dos pelotas.

8. El comando "suelta" eventual-

mente se volvió transferible a palos, piedras y pequeños animales muertos.

Por cierto, todavía uso dos pelotas a la vez cuando juego a buscar con Cody porque podemos hacer el doble de ejercicio en la mitad del tiempo si realmente nos concentramos en el juego. Así que solo para resumir los fundamentos del ejercicio "suelta":

Dale a Bella uno de sus juguetes favoritos.

Usa golosinas para convencerla de que entregue el juguete.

Cada vez que lo suelte, usa el comando "suelta", dale una golosina y elogios verbales.

Si tu perro no está orientado a las golosinas (sucede), comienza con un juguete de bajo valor y avanza en la escala de juguetes preciados.

Eventualmente, las golosinas pueden eliminarse de la ecuación para ser reemplazadas por "sí" y "buena chica".

Bájate/Abajo

Este comando puede usarse para mantener a Bella fuera de tu silla favorita o del sofá. Puede usarse para cortar un episodio de surfeo en la encimera. Incluso ayuda a evitar que tu perro salte sobre ti cuando llegas a casa al final del día. Es un comando realmente versátil, pero enseñarlo puede ser problemático. No es un comportamiento que quieras fomentar, por lo que debes esperar hasta atrapar al bribón en el acto. Y como cualquiera de los ejercicios que le enseñes a tu hijo peludo de cuatro patas, la consistencia es primordial.

Si Tu Perro Salta Sobre Ti

Necesitas romper este mal hábito de tu Pastor Alemán lo antes posible. Si tu perro salta sobre alguien cuando está completamente desarrollado, puede derribarlos y causar lesiones, especialmente a personas mayores. Así que todo comienza contigo y aquí hay un par de tácticas para usar.

Opciones para Bájate

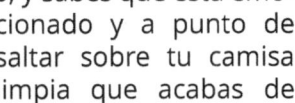

- Cuando tu Pastor Alemán salte sobre ti, dale la espalda y di "¡bájate!". Se requiere un tono de voz severo para la palabra de comando. Recuerda, tu perro solo quiere que interactúes con el y darle la espalda muestra que no vas a prestarle atención si se comporta de esta manera. Eventualmente lo entenderá.

- Si ves venir a tu perro, y sabes que está emocionado y a punto de saltar sobre tu camisa limpia que acabas de sacar de la secadora, levanta la rodilla para que Bella no pueda plantar sus patas en tu pecho. El tiempo y el equilibrio son cruciales.

- La última opción que puedes emplear es anticipar a tu Pastor Alemán cuando hace su movimiento para saltar sobre ti. Agarra sus patas delanteras mientras está parada sobre sus patas traseras y camina hacia atrás. Lo más probable es que se siente en este punto y cuando lo haga, debes emitir el comando "bájate". Debes tener cuidado de no convertir esto en algo que Bella considere un juego.

Lo reconfortante de saber sobre saltar es que es un comportamiento que, junto con la edad del perro y su persistencia obstinada, Bella superará.

Safari de Surfeo

Ahora, ¿qué puedes hacer con un Pastor Alemán al que le gusta surfear? Dentro de tu casa. Asados robados de la encimera, pastel robado de la mesa de la cocina, mechones conspicuos de pelo de perro dejados en el sofá. Comencemos con el sofá.

Sabes que cuando estás en modo de adiestramiento con tu perro, siempre necesitas tener golosinas en los bolsillos. Entonces, cuando veas a Bella estirada en el sofá, debes tomar un par de esas delicias deleitables, colocarlas en la alfombra o el piso, y decir "bájate" mientras señalas las golosinas. Bella abandonará su cómodo lugar por la comida. Una vez más, la repetición es la única cura para esta enfermedad. Incluso si estás cansado y acabas de llegar a casa del trabajo y lo último que quieres hacer es corregir el comportamiento de tu perro. Los perros entienden la consistencia.

A veces, los perros simplemente son dominados por los olores. Puedes notar que en realidad no están pensando en lo que están haciendo. El instinto ha tomado el control. Ese es el caso cuando hay comida en una encimera o una mesa. Aquí es cuando tener un perro grande como un Pastor Alemán puede ser realmente una desventaja. Pueden pararse sobre sus patas traseras y hacer una limpieza completa de lo que pueda estar al descubierto. Aquí hay algunas cosas que puedes hacer para asegurarte de que Bella cuide sus modales.

1. Mantén las encimeras y las mesas libres de alimentos cuando no las estés utilizando inmediatamente. Esto incluye a todos en el hogar, incluido el adolescente que hace un sándwich y deja todos los ingredientes sobre la encimera. Si no hay tentación, no hay delito.

2. Si hay una gran comida en marcha, digamos la cena de Acción de Gracias, y hay comida absolutamente en todas partes, retira a tu perro del área. Si tienen una cama en algún lugar o una alfombra donde habitualmente los ubicas, diles que vayan a su cama. Mantenlos en su lugar y fuera del camino hasta que la extravagancia gourmet esté bajo control.

3. Si tu Pastor Alemán habitualmente se queda donde se prepara y se sirve la comida, asegúrate de que algunas pequeñas golosinas vayan a su plato de comida o al suelo en un lugar apartado. Si Bella se da

cuenta de que va a recibir algo bueno si se queda abajo, entonces es probable que se convierta en un hábito arraigado.

Amar la Correa

He guardado lo mejor para el final. Caminar con correa no es tanto un comando como un estilo de vida. He visto perros que aprendieron a caminar con correa sin tirar muy rápidamente y he visto perros personales de adiestradores que eran malos ciudadanos cuando estaban con correa. Una vez más, no hay secretos para el éxito aquí.

Consistencia. Siempre haz las mismas cosas cuando adiestres con correa para que tu perro sepa qué esperar y qué se espera.

Práctica. Usa la correa. A veces, cuando tu perro no parece estar captando tan rápido como te gustaría, estás tentado a evitar situaciones donde tienes que ponerle obligatoriamente la correa. En lugar de un paseo, lo llevas al patio trasero. O al parque para perros donde puede soltarlos lo antes posible. Pero no haga eso.

Recompensas. Da a tu Pastor Alemán recompensas por buen comportamiento con la correa. Si son golosinas y comida, excelente. Si no, haz que el tiempo de juego sea un poco más largo. Si tu chica inteligente se da cuenta de que las cosas buenas vienen con el tiempo de correa, Bella será buena. Después de todo, es en su mejor interés.

Paciencia. ¿Necesito decir más?

Comiénzalos Jóvenes

Lo mejor que puedes hacer cuando ese cachorro de ocho semanas llega a casa es sacar el collar y la correa y ponérselos. Bajo supervisión, por supuesto. Deja que la pequeña Bella use su collar y arrastre la correa adjunta durante el día para que se convierta en parte de su escenario. Incluso puedes darle paseos con correa por la casa. Ve a molestar a alguien que está haciendo su tarea. Interrumpe la maratón de videojuegos. Vé qué se está cocinando en la cocina. Deberás esperar hasta que tu Pastor Alemán sea un poco mayor para comenzar formalmente el adiestramiento con correa. Tres meses de edad es típicamente cuando los Pastores Alemanes pueden comenzar a entender el adiestramiento, así que cuando esté listo, pruebe esto.

- Consigue una riñonera. Llénala de golosinas. Es una herramienta útil para tener cuando tus manos estarán ocupadas con la correa y dispensando golosinas.

- Decide de qué lado caminará tu perro. Encuentro que el lado izquierdo es más natural para mí y es el lado "tradicional", para su información.

- Comienza a caminar rápidamente con una correa suelta en tu mano derecha, y tu mano izquierda, con golosinas, a tu lado.

- Tu cachorro debería gravitar naturalmente hacia ese lado izquierdo. Sigue caminando y dispensa la golosina ocasional mientras Bella permanece a su lado. Después de varias expediciones, puedes intentar caminar con correa con menos golosinas.

- Si tu perro tira, cambia tu dirección inmediatamente y camina en la otra dirección. La idea es plantar el concepto en el cerebro de tu perro de que ella tiene que seguirte a ti, no al revés.

- Siempre que Bella te siga, asegúrate de que fluyan las golosinas.

- Algunos perros aprenden rápido, algunos son aprendices resistentes. Pronto sabrás cuál tienes en tus manos.

Así que esa es una visión general rápida de parte del trabajo fundamental que deberías estar haciendo con tu Pastor Alemán en crecimiento. Sí, es un poco de trabajo, pero vale la pena a largo plazo con un miembro canino muy civilizado de tu familia. Si tu apetito ha sido estimulado para más adiestramiento y quieres aprender qué más hay para la educación de tu Pastor Alemán, bueno, el próximo capítulo que llamo "Perros con Trabajos" está diseñado justo para ti.

CAPÍTULO 13
Perros con Trabajos

"El Pastor Alemán es una de las razas más inteligentes y activas, utilizada en todo el mundo para diferentes trabajos: perro guardián, perro guía para ciegos, perro de terapia, perro de servicio, perro militar, perro policía, perro detector de drogas, perro de rescate y muchos más".

Klaus Langenbach
Criadero Vom Geisterholz

A veces tú simplemente sabes que tu perro es capaz de hacer más cosas. Hay señales. Podría ser el hecho de que Boris está ahí parado vibrando con exceso de energía. Tú has realizado entrenamiento de obediencia hasta el cansancio con este atleta de cuatro patas y le has dado su comida, pero no es suficiente. Boris está destinado a cosas más grandes. Quiere ser un actor en un escenario más grandioso. Sospechas que debe haber más en la vida que el patio trasero, el parque local y los paseos a la ferretería. Boris tiene esa mirada en sus ojos como si estuviera a punto de comenzar a correr buscando problemas. Bueno, tal vez

Foto cortesía de
Katy Howard

debería estar realmente buscando problemas. En serio. Quizás necesita un trabajo.

Perros de Búsqueda y Rescate

Los perros de búsqueda y rescate se especializan en buscar problemas. Pero su trabajo es ayudar en esas situaciones. Muchas organizaciones civiles de búsqueda y rescate sugieren que comiences a entrenar a tu cachorro desde las doce semanas para un papel de servicio. Los Pastores Alemanes son una de las razas más valoradas para este trabajo. Sin embargo, puede ser un proceso de preparación largo y costoso; no es raro que tome varios años y los dueños pueden gastar miles de euros preparándose para tomar los exámenes de calificación. En general, los perros de búsqueda y rescate se dividen en dos categorías.

1. Perros de rastreo aéreo. Estas máquinas de seguimiento trabajan sin correa y siguen cualquier olor humano transportado por el aire.

2. Perros de rastreo terrestre. Trabajan con correa y siguen un rastro en el suelo.

129

Tú necesitas estar extremadamente comprometido para involucrarte en la búsqueda y rescate. Los perros de búsqueda y rescate deben tener un instinto de presa extremadamente alto. No hay un cheque de pago, pero definitivamente hay recompensas.

Schutzhund

La palabra alemana schutzhund significa "perro de protección". Es un deporte diseñado específicamente para el Pastor Alemán. Recordarás al buen Max von Stephanitz del Capítulo 1. Von Stephanitz participó en el desarrollo de este triatlón para Pastores Alemanes que incluye:

- Rastreo
- Obediencia
- Protección

También es más que una competición deportiva estrictamente juzgada. Como parte del "grado" Schutzhund, el perro es evaluado física y mentalmente para determinar su aptitud para la reproducción. IPO (International Pruefungsordnung) es una competición similar al Schutzhund.

Protección Personal

Aunque hay muchas empresas que te venderán un perro entrenado para protección personal, también puedes hacer que tu propio perro sea entrenado profesionalmente si tiene el temperamento adecuado. O en teoría, tú puedes entrenar a tu propio perro en protección personal, aunque no lo recomiendo. Si no sabes lo que estás haciendo, puedes terminar con un perro extremadamente antisocial y agresivo que no es adecuado para un entorno familiar. Por lo tanto, si después de un extenso entrenamiento de obediencia, tú piensas que tu familia todavía necesita un mayor grado de protección, averigua si tu Pastor Alemán calificaría para un entrenamiento profesional de protección personal.

Foto cortesía de Celeste Schmidt Dakonic GSDs

Perros Detectores

Cuando se trata de esta categoría, la mayoría de nosotros pensamos en perros detectores como los sabuesos que olfatean drogas y buscan bombas que se pueden ver cualquier noche en diversos programas de televisión. Si bien esas actividades están casi por completo en manos de la policía y las agencias de aplicación de la ley, hay una variedad de servicios de detección ofrecidos por entrenadores civiles y sus perros asociados.

- Detección de termitas. Estos destructivos pequeños insectos utilizan una variedad de olores para comunicarse y ahí es donde entra en juego el increíble olfato del Pastor Alemán. Los perros de detección de termitas son capaces de señalar la presencia de este insecto dañino incluso antes de que el ojo humano pueda ver algún daño.

- Detección de moho. Otro destructor del valor de la propiedad que puede ser descubierto por un Pastor Alemán educado. Como con cualquier proceso de detección de olores, el perro es expuesto a una variedad de mohos comunes y sus olores, que luego se incorporan a la enciclopédica memoria de olores del canino.

131

- Detección de acelerantes. Estos perros especialmente entrenados ayudan a los departamentos de bomberos y policía en la investigación de incendios que han sido provocados intencionalmente.

- Detección de chinches. Aunque la idea de tener chinches en tu casa podría hacerte sentir escalofríos, para un canino bien entrenado en la búsqueda de chinches, la idea de buscar a estas criaturas chupadoras de sangre es emocionante. Un detective canino competente debería poder oler chinches vivas y huevos, así como infestaciones antiguas.

- Detección para conservación. Estos perros se utilizan para ayudar a realizar estudios en investigación de vida silvestre buscando excrementos y otros signos de la presencia de un animal en una determinada área geográfica.

Estas son las ocupaciones duras y exigentes en las que tú y Boris podrían involucrarse. Quién sabe, incluso podría ganarse la vida con alguna de ellas. "Empresa de Boris para la Eliminación de Chinches S.A.". Suena bien, creo. Pero si estás pensando que te gustaría hacer algo con Boris que esté más orientado a las personas, algo terapéutico tal vez, ¿qué te parece esto?

Perros de Terapia

Este trabajo se trata completamente de calidad de vida. Boris el terapeuta va a residencias de ancianos, hospitales, escuelas, a cualquier lugar donde sea invitado. Lleva una sensación de confort y compañía a personas que a veces solo necesitan extender la mano y abrazar algo. Hay pruebas que aprobar para calificar, pero el requisito número uno es la capacidad de mantener la calma. Boris tranquilo, buen chico.

Perros de Servicio

Hay tres tipos de perros de servicio.

1. Los perros guía trabajan con personas con discapacidad visual.
2. Los perros para sordos ayudan a personas sordas y con problemas de audición.
3. Los perros de servicio trabajan con personas que tienen problemas de movilidad, desafíos psiquiátricos y preocupaciones médicas.

Foto cortesía de Michele Hill

Si bien es posible adquirir un perro completamente entrenado de varias organizaciones relacionadas con la discapacidad, las listas de espera son algo desalentadoras. Sin mencionar el precio de más de veinte mil euros. Tú puedes entrenar a tu propio perro de servicio, pero llevará tiempo y dinero. Te sugiero visitar el sitio web de la Federación Cinológica Internacional para obtener más información sobre cómo comenzar.

Puedes encontrar detalles en sitios web de organizaciones caninas reconocidas como la FCI o las asociaciones nacionales de tu país.

Ahora, si estás buscando una ocupación canina que se nutra de pura energía, velocidad y atletismo, esta próxima podría ser la adecuada. Necesitarás ser capaz de tomar decisiones en fracciones de segundo, trabajar con señales manuales y comandos de voz, además de poder vencer al reloj.

Entrenamiento de Agilidad

Foto cortesía de Samuel Ireland

Tú y Boris necesitarán alcanzar un alto nivel de entrenamiento de obediencia para tener éxito en el curso de agilidad. Las competiciones incluyen obstáculos, túneles, saltos, postes de zigzag e incluso un salto largo. Todo se trata de trabajo en equipo e intensidad.

Si deseas competir pero no quieres correr alrededor de un curso de agilidad, podrías considerar una actividad que le hará trotar un poco alrededor del ring y que incluso podría llevarlo a grandes exposiciones caninas internacionales.

Entrenamiento de Conformación

Las exposiciones caninas son una de las actividades caninas competitivas más populares en el mundo. Es un concurso donde los perros individuales son juzgados según estándares específicos de la raza. Así es como puedes comenzar si tienes ganas de entrar en el ring de exposición.

- Asegúrate de que tu Pastor Alemán esté registrado en el libro de orígenes reconocido de tu país.
- Únete a su club canino local. Ofrecen clases de entrenamiento.
- Si crees que tu perro tiene un gran potencial y tiene recursos económicos suficientes, puedes contratar a un presentador profesional por una tarifa.
- No se permiten animales esterilizados o castrados.

Entrenamiento de Pastoreo

El pastoreo deportivo, conocido como "herding", es una disciplina que permite demostrar las habilidades naturales de pastoreo de los perros mediante pruebas prácticas y vistosas. Desarrollar el instinto natural del perro, trabajar la comunicación corporal y enseñar el respeto por el ganado son los pilares fundamentales de esta actividad.

En las competiciones de pastoreo, el perro debe seguir las instrucciones de su guía para mover el ganado de un lugar a otro, demostrar control del rebaño, y en algunos casos, guiar a los animales a través de recorridos con obstáculos. Las pruebas evalúan diferentes aspectos como la capacidad del perro para reunir el ganado, conducirlo hacia objetivos específicos, y mantener el control del rebaño en diferentes situaciones.

La Real Sociedad Canina de España (RSCE) organiza pruebas y competiciones de pastoreo, junto con otras organizaciones especializadas en deportes caninos. Estas pruebas también incluyen exámenes para determinar si tu perro tiene el instinto natural para ser un exitoso perro pastor.

Obviamente, hay muchas actividades en las que tú y tu Pastor Alemán podrían pasar tiempo creando vínculos y quemando energía. Depende de tu nivel de dedicación e interés. Pero, ¿qué pasa si tu perro parece tener algún problema para entender lo que tú quieres que haga? ¿Qué pasa si está exhibiendo un comportamiento francamente malo? Podría ser simplemente un reflejo de todo lo que tú le has enseñado.

CAPÍTULO 14

Comportamiento No Deseado: ¿Quién es una Mala Chica?

Lo primero que necesitas verificar en cualquier intento de analizar y cambiar el comportamiento de tu Pastor Alemán es la salud de tu perro. ¿Existe algún problema médico que esté causando la acción que tú estás tratando de cambiar?

- A estas alturas, tú ya tienes una relación de confianza con tu veterinario local; probablemente incluso te reservan un espacio en la clínica porque aprecian mucho su clientela. Infección de oído, infección urinaria, lo que sea, obtén un certificado de buena salud del Dr. Bienestar antes de pasar a elaborar un plan de acción correctivo.

Suponiendo que tu veterinario les ha dado a ti y a Hermione (Jermai-o-ni) el visto bueno médico, el siguiente paso en tu lista de verificación de mal comportamiento debería ser uno de mis sospechosos habituales.

- Ejercicio Físico y Mental. Si tú no estás semi-exhausto tratando de mantener estimulado a tu Pastor Alemán, entonces no estás cumpliendo con tu trabajo. Estos perros se ocuparán por sí mismos si tú no los supervisas, y cuando se mantienen ocupados por su cuenta, la destrucción de propiedad no tarda en aparecer.

Así que, has concluido que Hermione está sana; está recibiendo mucho ejercicio físico y tú juegas ajedrez con ella todos los días para que esté mentalmente estimulada. Entonces, ¿por qué tanto ladrido? Y el mal comportamiento va mucho más allá de ladrar. Veamos mi lista de "¿quién es una mala chica?".

¿Quién es una Mala Chica?

- Ladridos y lloriqueos excesivos. Los Pastores Alemanes tienden a ladrar a casi todo de todas formas, pero hay un límite. Es excesivo cuando superan el promedio de 10 ladridos al día.

- Abalanzarse. Todos hemos pasado por esto. Es de muy mala educación que tu perro se abalance sobre otros perros y varios animales pequeños.

Foto cortesía de Makenzi Hall

- Escaparse corriendo. Esto está en segundo lugar, muy cerca de abalanzarse, en mi libro de "mala chica". Nadie necesita un Pastor Alemán fugitivo en su vida.

- Saltar sobre las personas. No es aceptable y podría ser francamente peligroso.

- Masticar. Y más masticar. Zapatos, carteras, teléfonos móviles, cualquier cosa puede ser un objetivo.

- Mendigar comida. Es irritante y tiene que parar. ¿Cómo empezó esto de todos modos?

- Tirar de la correa. Mi molestia favorita. En serio, ¿cuál es la prisa?

- Mordisquear. Muchos de ustedes pueden conocer esto por sus otros nombres: morder y dar pequeños mordiscos.

- Surfear en la encimera. Hemos hablado de esto anteriormente. Es el tipo de limpieza rápida que nadie quiere en su casa.

Foto cortesía de William Chilton

- Automutilación. Si no planteaste esto con tu veterinario, es hora de otra consulta.
- Agresión. Puede tomar muchas formas, pero siempre resulta en un comportamiento no deseado y a veces peligroso.

Esta es solo mi lista de "¿quién es una mala chica?" y de ninguna manera es exhaustiva, pero todo esto puede ser agotador de todas formas. Tu siguiente paso para lidiar con cualquiera de estos comportamientos individuales es determinar la causa raíz. Eso me recuerda que excavar no está en la lista, pero bien podría estarlo. De todos modos, dejando eso a un lado por el momento, tomemos al azar de la lista un comportamiento para tratar como ejemplo.

Chicas Malas, ¿Qué Va a Hacer?

Escaparse corriendo. Imagina este escenario. Tú decides que necesitas salir por la puerta principal. Digamos, para recoger el periódico que está en el césped delantero. Eso si tienes la suerte de seguir recibiendo el periódico a domicilio. Pero justo cuando abres la puerta, eres empujado a un lado con fuerza por un tren de carga negro y marrón de cuatro patas en su camino hacia la libertad. Eso es escaparse corriendo. Podría haber estado cargando igualmente por la puerta trasera, saliendo del coche en el parque para perros o por la puerta hacia quién sabe dónde. Escaparse corriendo no es lo que yo describiría como un problema psiquiátrico, un problema mental, pero es conductual y necesita un ajuste fino. Podría ser un problema de adiestramiento que tú has ignorado. Tal vez simplemente tenías demasiadas cosas que hacer. Todos en la casa dijeron que querían un perro, pero cuando llega el momento de la verdad, Hermione parece ser solo tu Pastor Alemán. Especialmente cuando hay un problema. Así que, dado que tú eres dueño del rompecabezas de escaparse corriendo, esto es lo que le sugeriría en este caso.

Comando de Interrupción

Esta es una directiva útil para tener en tu caja de herramientas de adiestramiento y puede usarse para detener a Hermione de escaparse corriendo, en seco. En este caso, quiero hablar sobre el comando "Espera". Este comando de interrupción puede usarse para prevenir una serie de comportamientos indeseables, además tiene el doble efecto de afirmar tu liderazgo, algo que necesitas hacer en cada momento. ¿Por qué?

Esencialmente porque Hermione necesita saber quién está dando las órdenes en tu hogar, y más vale que no sea ella.

Espérame

1. Necesitarás poner a Hermione con correa. La correa es un movimiento psicológico, además de ponerlo en posición de restringirla físicamente. El aspecto mental dice "Yo estoy en control. Préstame atención". Es parte de ser un líder para tu Pastor Alemán.

2. Ubícate en la puerta con Hermione a tu lado. Sentirás la emoción en tu perro, así que es hora de prepararte para afirmar el control.

3. Abre la puerta. Cuando Hermione se abalance, dale un tirón rápido pero firme a la correa, dile "espera" y cierra rápidamente la puerta.

4. Necesitarás hacer esto repetidamente, tirando de la correa, diciendo el comando "espera" y cerrando la puerta hasta que, milagro de los milagros, abras la puerta una vez y Hermione simplemente se quede allí, con suerte mirándote a ti.

5. Cuando Hermione finalmente se contenga, eso merece elogios y premios.

6. Debes continuar practicando esto hasta que puedas dejar la puerta abierta y Hermione no haga ningún movimiento para escaparse y simplemente espere tu siguiente instrucción.

7. Necesitas recordar hacer esto cada vez que te prepare para salir. La repetición lo convierte en un hábito deseable.

Fusión Mental

No sé cuántos fans de la serie original de Star Trek están leyendo esto, pero en esa antigua serie de televisión, Spock podía hacer algo llamado la fusión mental vulcana. Usaba la telepatía para entrar en la mente de otra persona y esencialmente combinar las dos mentes, creando una "fusión mental". ¿Por qué estoy mencionando esto en un libro sobre Pastores Alemanes? Bueno, por mi experiencia, parece que todos los días mi Pastor Alemán juega a la fusión mental conmigo. Si Cody pudiera usar telepatía conmigo, las conversaciones diarias serían algo así:

Cody: "Bueno, ¿qué vamos a hacer hoy? Me gustaría ir por este camino justo aquí, déjame mostrarte lo que estoy pensando. Esa ardilla negra que vi justo aquí los últimos dos días seguidos podría seguir por aquí..."

Yo: "No, no podemos ir por ese camino. Tenemos que ir por aquí porque hay unos arbustos que necesito recoger y mover a la pila para quemar".

Cody: "Oh, hombre, trabajo no, eso es tan aburrido. ¿Por qué no nos saltamos eso y vamos a caminar cerca del pozo? Ahí es donde se reúnen los conejos y casi atrapé uno el otro día".

Yo: "No, Cody. Tenemos que mover los arbustos. Ahora mismo".

Cody: "Lo que tú digas, pero ¿qué hay de...".

Creo que entiendes la idea. Los Pastores Alemanes siempre están forzando los límites y cuando su comportamiento no se controla o supervisa, simplemente asumen que tienen un sello de aprobación porque son individuos inteligentes y seguros de sí mismos. Quieren trabajar con sus humanos, pero no es una relación sin condiciones de aceptación total. Tú necesitas ser el líder y abordar creativamente cualquier problema con el comportamiento del Pastor Alemán en varios niveles diferentes.

Dedo en el Gatillo

Pon tu dedo sobre cualquier desencadenante del comportamiento que estés tratando de cambiar y elimínalos. Desconecta el timbre, camina en otra dirección si tu Pastor Alemán está tentado a mezclarse con el perro que se acerca, quita la comida de la encimera. Si te detienes a pensar en los desencadenantes, puedes eliminar la mayoría de ellos.

Doble Exposición

A veces un estímulo, un desencadenante, puede superarse mediante la exposición. Si la música alta o la radio alteran a tu perro, ponlas con más frecuencia. Cuanto más se convierta en parte de la vida de un perro, más se convierte en parte del paisaje cotidiano. Otro desencadenante pueden ser los niños pequeños. Algunos Pastores Alemanes simplemente no saben qué hacer con ellos. No están seguros si son un juguete o posiblemente un animal pequeño de algún tipo para perseguir. Tienes que monitorear cuidadosamente este tipo de situación de socialización, pero aumentar la exposición a niños pequeños, un poco a la vez, normaliza a las personas pequeñas a los ojos de tu Pastor Alemán.

La Ignorancia es una Bendición

Si Hermione se está convirtiendo en una mendiga de sobras de comida, hay un par de razones para ello. Oportunidad y refuerzo. Ambas caen directamente sobre tus hombros. Deja de darle a esa cara suplicante cualquier sobra de la mesa y nunca lo hagas de nuevo. Ignora la mendicidad y los lloriqueos hasta que eventualmente cesen. Será una lucha, pero tú ganarás al final si te mantienes firme. A veces, ignorar algo conducirá a la felicidad.

Opción Múltiple

Si tu Pastor Alemán está siendo una mala chica, recuerda desviar y distraer. ¿Está masticando tus zapatos de fiesta favoritos de Manolo Blahnik? Entrégale uno de sus juguetes chillones favoritos para que vuelva loco a todos con eso en su lugar. Si le presentas otras opciones a tu perra, ella es oportunista, aprovechará la siguiente mejor opción.

Llama a los Expertos

"Los mordiscos y mordeduras pueden ser un desafío para los nuevos dueños de Pastores Alemanes. Comprende que esta es una raza criada para el instinto de caza y pastoreo. Nunca cambiará ese instinto, pero puedes usar esa motivación para enseñar otros comportamientos deseados".

Erika Martin
Century Farms

Si todavía tienes dificultades con el mal comportamiento después de hacer todo lo posible para eliminarlo, entonces es hora de llamar a los solucionadores de problemas. Los adiestradores son llamados con mayor frecuencia para tratar problemas de agresión y ansiedad por separación. Puede que tú estés demasiado cerca de la situación para elaborar una solución personalizada. Es un buen líder quien sabe cuándo pedir ayuda.

¡Buena Chica, Buen Chico!

Hay soluciones para muchos comportamientos no deseados. Eso es, si piensas en cuál es el problema, tienes en cuenta la personalidad de Hermione y estás dispuesto a invertir el tiempo y, si es necesario, el dinero. Al cerrar este capítulo, quiero mencionar varios de los problemas de comportamiento específicos de la raza que he encontrado en mi experiencia con Pastores Alemanes.

- Ladrar. Los Pastores Alemanes ladran a todo. Ladrarán al entrar en una habitación. Ladrarán a las personas que entran en una habitación. Creo que está en su naturaleza dar la alarma. Puedes detener los ladridos excesivos usando un comando de interrupción, pero no lo uso con frecuencia. Algunos ladridos son simplemente parte del paquete.

- Ansiedad por separación. Los Pastores Alemanes aman a sus personas y pasarán todo su tiempo caminando justo detrás de ti a todas partes donde vayas, incluso al baño si no cierras la puerta. Debes entrenarlos desde temprano para que entiendan que cuando tú te vas, siempre regresas.

El último tema que quiero plantear es el campo minado de la agresión. La palabra "A" es un término general para varios tipos de comportamiento que tienen sus propios orígenes únicos.

1. Agresión por dominancia. Generalmente dirigida hacia miembros de la familia. Se muestra en acciones como empujar a través de las puertas y simplemente ignorar las órdenes de las personas a las que el perro siente que no tiene que escuchar.

2. Agresión por miedo. El Pastor Alemán puede tener miedo de personas fuera de su propia familia, o de cosas que no encuentra con frecuencia. Generalmente se muestra como gruñidos, mostrar los dientes y ladrar.

3. Agresión protectora. Un Pastor Alemán tiende a ser territorial y si experimenta este tipo de agresión, ladrará y gruñirá, lo que puede escalar a perseguir y morder si el animal se siente amenazado.

Estas son las tres categorías principales de agresión y todas pueden desglosarse en subcategorías más específicas, adaptadas al Pastor Alemán individual. Todos estos problemas, si persisten con tu perro, son mejor manejados por un adiestrador profesional con buena reputación por resultados positivos a través del refuerzo positivo.

Permítame terminar este capítulo, donde hemos analizado tantos aspectos negativos de estos excelentes perros, con una observación positiva. No hay nada más satisfactorio al final de un día divertido que mirar a tu Pastor Alemán y decir "¡Buena chica!" o "¡Buen chico!" porque, al final, realmente son buenos perros.

CAPÍTULO 15
La Carretera Abierta

"Si viajas con ellos desde pequeños y lo conviertes en una parte nor-mal de su crecimiento, viajarán bien para siempre. Recomiendo utilizar una jaula transportadora y hacer que esta sea algo positivo, así podrán ir a cualquier parte en ella. Simplemente aman a su manada y quieren estar con ella."

November Holley
Harrison K-9

Voy a comenzar esta sección de La Guía Completa sobre Pastores Alemanes con un enfoque ligeramente diferente sobre viajar con tu Pastor Alemán. De hecho, comenzaré con una pregunta. Cuando te estés preparando para viajar, pregúntate lo siguiente.

- **¿Dónde estará tu Pastor Alemán más cómodo?**

Siempre debemos considerar qué es lo mejor para nuestros Pastores Alemanes en cualquier situación, y viajar no es una excepción. Sí, tu gran compañero es parte de la familia y disfruta pasar tiempo con to-dos los miembros de la manada, pero ¿disfrutará estar metido en una jaula transportadora y volar a través del país? ¿Realmente le entusias-marán las habitaciones de ho-tel en las que te hospedarás?

Foto cortesía de Debra Moreno

Creo que ya sabes a dónde quiero llegar. Los perros y los viajes siempre deben con-siderarse de manera individ-ual. Y está bien si llegas a la conclusión de que tu Pastor Alemán estaría mejor quedán-dose en casa con un cuidador de confianza. Esa sería la de-cisión más sensata si tu Pastor Alemán se estresa demasiado al ser desarraigado. Te echará de menos cuando tú no es-tés, pero no le quitarás años de vida canina obligándole a empacar sus croquetas para un viaje prolongado cuando preferiría simplemente pasear por el parque para perros. Volveremos a las diversas opciones de estancia en casa más adelante en este capítulo. Ahora, con esa consideración tan importante aclarada, pasemos al resto de ustedes que están pensando en lanzarse a la carretera abierta.

Mi Consejo

- Antes de siquiera pensar en emprender un viaje más largo, asegúrate de que tu Pastor Alemán haya tenido muchas experiencias de viajes cortos en automóvil. Todos los días si es posible. Si tu cachorro es propenso al mareo, compra un cinturón de seguridad para perros que lo mantenga mirando hacia adelante en lugar de hacia los lados. Esto reducirá las posibilidades de vómito.

Preparativos Previos a la Partida

Así que, es hora de un viaje por carretera y todos están muy emocionados. Están concentrados empacando, todos quieren llevar sus portátiles y teléfonos móviles, y acabas de arreglar el reproductor de DVD en la camioneta, por lo que las cosas pintan bien. Las maletas se están acumulando, pero espera un momento. ¿Qué hay de Wolfgang? ¿Quién está empacando para él?

Antes de Salir de la Entrada

- Has hecho reservaciones, ¿verdad? Todos los hoteles admiten perros, ¿cierto? Verifica si hay parques para perros y otras áreas de ejercicio adecuadas en las cercanías antes de reservar.

- Podría valer la pena programar una cita para Wolfgang con su veterinario para un chequeo rápido. ¿Cómo dice ese viejo refrán sobre una onza de prevención?

- Alguien ha tomado nota de las oficinas veterinarias u hospitales de animales más cercanos en el camino y en su destino. ¡Qué considerado!

- Asegúrate de llevar toda la información médica de Wolfgang y sus medicamentos para el viaje.

- Verifica dos veces que las placas de identificación de tu perro, con tu información de contacto, estén intactas, legibles y firmemente sujetas a su collar.

- Es preferible que Wolfgang tenga un microchip. No se puede perder un implante.

- Lleva varias fotografías recientes de tu Pastor Alemán. Si de alguna manera se pierde, querrás poder describirlo con una foto favorecedora.

- Asegúrate de haber empacado una correa, comida para perros, mucha agua, recipientes para comida y agua, bolsas para excrementos, cepillo, y

- botiquín de primeros auxilios para perros, que incluya gasa, cinta adhesiva, tijeras, pinzas, herramienta para quitar garrapatas, toallitas antisépticas, Benadryl y un bozal.

- Arnés para perro con correa de sujeción. Querrás asegurarte de que Wolfgang esté seguro en su asiento y no deambule por el vehículo a voluntad.

- Varios rollos de toallas de papel. Estos son útiles para todo tipo de situaciones familiares, pero funcionan especialmente bien para emergencias con tu Pastor Alemán.

- Lleva una jaula transportadora plegable, especialmente si tu Pastor Alemán está acostumbrado a ella y buscará una para dormir por la noche.

- Juguetes. Sus favoritos y un par más. Nunca son demasiados juguetes.

Pero espera un minuto, ahora estás reconsiderando el viaje por carretera. Todas esas horas conduciendo no suenan tan atractivas cuando sumas las paradas, las estancias en hoteles y las comidas. Estás pensando que tal vez vueles. Puedes simplemente meter a Wolfgang en una jaula, ponerlo en el avión, recogerlo al otro lado, y listo. Toda la diversión de unas vacaciones pero sin la inercia de la autopista. Pero no tan rápido. ¿Pensabas que había muchos preparativos para un viaje por carretera con tu Pastor Alemán? Considera lo que implica prepararse para despegar.

Foto cortesía de
Mark Hager

Plan de Vuelo

- Reserva un vuelo directo para Wolfgang. Tú sabes cómo se siente si tienes demasiadas escalas. Imagina ser un perro en una jaula que nunca ha volado antes.

- La mayoría de las aerolíneas tienen directrices para el transporte de mascotas que debes consultar. Entre ellas se incluye el requisito de un certificado de salud emitido por un veterinario.

- Asegúrate de tener una jaula de transporte aprobada. Consulta con la aerolínea específica que estás utilizando para confirmar que su jaula cumple con sus especificaciones.

- La jaula debe ser del mismo tamaño que la que usas en casa. Si no acostumbras a tu perro a estar en una jaula en casa y tienes que comprar una, asegúrate de que sea lo suficientemente grande para que Wolfgang pueda ponerse de pie y darse la vuelta. Debe estar bien ventilada con un fondo absorbente.

- Si tu perro no ha sido acostumbrado a la jaula, familiarícelo con ella mucho antes del día del despegue.

- La jaula debe estar debidamente identificada con tu nombre y números de contacto, así como el nombre del perro.

- Antes de salir hacia el aeropuerto, asegúatse de que Wolfgang haya hecho una cantidad razonable de ejercicio. Estar semi-exhausto ayudará a reducir su ansiedad por el vuelo.

- Si crees que Wolfgang podría no viajar bien y estás considerando tranquilizarlo, piénsalo dos veces. Las Asociaciones Veterinarias recomiendan NO tranquilizar porque puede causar problemas cardíacos y respiratorios.

Una última nota sobre los viajes aéreos y los Pastores Alemanes. Siempre existe un riesgo para los animales cuando viajan en avión. Asegúrate de que tu decisión esté bien pensada y no sea una elección del momento.

Pensándolo Dos Veces

Así que ahora, después de haber pasado por todos los preparativos necesarios para llevar a Wolfgang de vacaciones con la familia, estás pensando que quizás él preferiría quedarse en casa. Pero no has explorado ninguna de las opciones.

Foto cortesía de
John Micallef

Consideraciones sobre las Residencias Caninas

No elijas una residencia canina al azar después de buscar varias en internet. Solo porque esté en el vecindario, tenga una oferta especial del veinticinco por ciento de descuento por tiempo limitado y proporcione golosinas gratis no significa absolutamente nada. Tú pasas mucho tiempo de calidad en el consultorio del veterinario. ¿Por qué no ver si tienen alguna recomendación de residencias caninas? Si la tienen, y si puedes encontrar clientes de dicha residencia para hablar, eso te dará información detallada y tal vez te oriente en la dirección correcta. Recopilar información durante tus paseos por el vecindario o en el parque para perros también es una manera de intentar obtener referencias sobre una residencia. Una vez que tengas algunos nombres en mente para considerar, ve y compruébalos.

Enfoque en las Instalaciones

- ¿Cómo te sientes cuando caminas por las instalaciones? Necesitas sentirte cómodo con el entorno.

- ¿Cuál es el nivel de ruido? Si es excesivo, deberías pensar en otro lugar.

- ¿Huele mal? Esto siempre es un indicador del nivel de higiene, o la falta de este, lo que puede indicar que no hay suficiente personal o no se presta suficiente atención a los detalles.

- ¿Pareces estar abarrotado?

- Los Pastores Alemanes necesitan mucho ejercicio. ¿Cómo se asegurarán de que Wolfgang realice sus entrenamientos diarios?

- Asegúrate de ver dónde se alojan los animales durante la noche. Una vez pedí ver esa parte de una residencia que estaba considerando y cuando no me dejaron entrar en esa área, eliminé ese lugar de mi lista inmediatamente.

- Comprende la estructura de tarifas de la residencia, y si hay extras opcionales que puedan hacer que la estancia de tu Pastor Alemán sea mejor, considéralos.

- Determina qué vacunas son necesarias para el alojamiento. Una residencia, como mínimo, debe exigir que todos los perros estén al día con las vacunas contra la rabia, el moquillo y el parvovirus, así como la Bordetella.

- ¿Tienes la residencia una página de Facebook u otra red social donde puedas verificar lo que se dice sobre el negocio?

- ¿Qué tan bien está dotada de personal la instalación? ¿Qué pasa durante la noche?

- Wolfgang necesita mantener su dieta regular, así que asegúrate de que cualquier residencia que esté contemplando alimentará a tu Pastor Alemán según sus instrucciones y con la comida que tú proporciones.

- Averigua qué servicios veterinarios están disponibles. Si tu perro necesita atención médica, pregunta si se puede utilizar a tu propio veterinario.

- Una vez que hayas decidido sobre una residencia, asegúrate de dejar un nombre y número de contacto local para emergencias. Esta debe ser una persona que pueda estar inmediatamente accesible cuando sea necesario.

Encontrar la instalación adecuada no es un proceso simple o fácil y tendrás que invertir un tiempo considerable de investigación para asegurarte de hacerlo correctamente. Lo otro que debes considerar si estás decidido a dejar a tu Pastor Alemán en una residencia mientras estás fuera es hacer un par de estancias de prueba antes de irte por un período prolongado. Una cosa que hice con Cody, mi Pastor Alemán, fue llevarlo a una residencia canina solo por el día para acostumbrarlo a estar en ese lugar en particular. A los perros les encanta la familiaridad.

Estancia en Casa

Foto cortesía de
Theresa Christ

Hay un par de otras opciones de cuidado vacacional para Wolfgang que deberías considerar. Siempre he pensado que mantener a un perro en su entorno familiar tanto como sea posible disminuye la ansiedad asociada con la ausencia del dueño. Contratar a un cuidador de mascotas podría ser la mejor opción para algunas personas. Incluso puedes hacer que el cuidador venga y se quede en tu casa mientras tú estás fuera. Veamos algunas de las cosas que debes considerar al buscar ese compañero perfecto para tu mascota.

Encontrando el Ajuste Perfecto

Ten en cuenta que tienes que entrevistar a algunos candidatos para el trabajo. Entonces, ¿cuáles son las cualificaciones que buscas en alguien que va a cuidar de Wolfgang y quedarse en la casa familiar? Es una tarea bastante personal cuando lo piensas. En primer lugar, sugeriría que cualquier cuidador que estés considerando necesita tener experiencia con perros más grandes y especialmente con Pastores Alemanes. Los Pastores Alemanes no son solo otra raza de perro y cualquier cuidador potencial necesita entender qué los hace funcionar. Son perros grandes, activos e inteligentes, por lo que contratar a una persona mayor, más sedentaria, podría no ser la mejor idea. Asegúrate de que cualquier posible cuidador sea una persona de perros, no un generalista. Aquí está mi lista sugerida de cosas a considerar.

- Idealmente, el cuidador vendrá y se quedará en tu casa. De esa manera, tu Pastor Alemán puede mantener su rutina normal.

- ¿Están asegurados y garantizados? Si lo están, están tomando el negocio en serio, lo que aumenta sus probabilidades de tratar con un profesional.

- ¿Qué experiencia práctica tienen? Si han tenido perros propios y han estado involucrados en el adiestramiento, eso es una ventaja.

- ¿Pueden proporcionar referencias y testimonios?

- Establece un horario diario con el cuidador potencial. Necesitas determinar si pueden manejar las exigencias que un Pastor Alemán les impondrá.

- Asegúrate de que la persona con la que estás hablando sea la persona que cuidará de Wolfgang todo el tiempo. Alternarse con otra persona no es aceptable.

- ¿Hay servicios adicionales que podrían valer la pena adquirir, como peluquería y adiestramiento?

- ¿Está el cuidador familiarizado con el estilo de refuerzo positivo para tratar con una mascota desafiante?

- Determina la mejor manera de mantenerte en contacto con el cuidador mientras estás fuera. ¿Mensaje de texto, correo electrónico, llamada telefónica?

- ¿Puedes recibir actualizaciones mientras está fuera?

- Por último, estate preparado para una serie de preguntas de cualquier buen cuidador de mascotas. Querrán saber tanto como sea posible sobre ti y tu mascota. Eso también es señal de un profesional.

Una vez que hayas reducido tu lista de posibles cuidadores de mascotas a uno que te guste, haz una prueba. Un fin de semana fuera te dirá si es alguien con quien puedes contar.

Lo Mejor para el Final

Tenía un motivo ulterior cuando presenté a mi Pastor Alemán de dos meses al vecino de al lado. Esperaba que se vincularan a medida que Cody creciera, para que mi Pastor Alemán no se convirtiera en "ese perro que ladra de al lado". Y, efectivamente, eso es lo que sucedió. No ayudó que el vecino hubiera sido mordido por un Pastor Alemán cuando era repartidor de periódicos, pero hoy Cody y el vecino son mejores amigos. ¿Adivina dónde se queda Cody cada vez que mi esposa y yo hacemos un viaje? Sí, con el vecino de al lado. Cuando llamo a esta sección "Lo Mejor para el Final", lo digo en serio. Si tienes un miembro de la familia, un amigo o un buen vecino que pueda cuidar de tu Pastor Alemán mientras estás fuera, ese es probablemente el mejor de todos los mundos posibles. Es probable que si la persona que cuida a tu mascota tiene una conexión personal con Wolfgang, tú sepas que harán todo lo posible para asegurarse de que todo salga bien.

CAPÍTULO 16
El Desayuno de un Perro

Estoy de pie en una tienda local de alimentos para mascotas contemplando los pasillos. Hay comida para perros por todas partes. Enormes bolsas de croquetas secas que la mayoría de los humanos necesitarían ayuda para cargar en sus automóviles. Interminables estanterías que contienen miles de latas de comida para perros con una variedad abrumadora de etiquetas coloridas. ¡Y la información en esas etiquetas!

- Fuente de Omega
- Rico en nutrientes con aminoácidos
- Sin granos
- No contiene subproductos de carne, trigo, maíz, soja
- Fabricado en países desarrollados con ingredientes de origen global
- Fórmula con pollo de corral

Si fuera un dueño de perro por primera vez mirando todo esto, estaría consternado y aturdido. Yo fui un dueño de mascota primerizo. Estaba consternado y aturdido. Preparar una dieta nutritiva para tu Pastor Alemán no tiene por qué ser abrumador ni costarte un ojo de la cara. Sí necesitas ser consciente de que si tu Pastor Alemán no obtiene el equilibrio adecuado de proteínas, grasas y minerales, puede enfermarse. Tu perro depende de ti. Por lo tanto, necesitas hacerte y responder algunas preguntas básicas para orientarte a ti y a tu Pastor Alemán en la dirección correcta.

Cuando recogiste a tu cachorro el primer día, el criador había destetado a Maggie y la había acostumbrado a algún tipo de croquetas secas. Esa fue simplemente la elección de alimento del criador y quizás tuvo tanto que ver con el patrocinio de una empresa de alimentos para mascotas como con cualquier otra cosa. Lo mismo ocurriría con cualquier alimento que tu veterinario pudiera recomendarte. La conclusión aquí es que cualquier alimento que le hayan sugerido podría ser perfectamente adecuado, pero ¿qué quieres hacer tú?

¿Qué Es una Dieta Equilibrada?

Pon a tres dueños de Pastores Alemanes en una habitación y obtendrás tres opiniones diferentes sobre la mejor manera de alimentar a tu Pastor Alemán. Así que, esto es lo que voy a hacer. Describiré las opciones, te contaré lo que yo hago, y luego tú podrás determinar la mejor manera para que Maggie obtenga sus calorías diarias. Y no solo calorías, sino nutrición. Comencemos con lo básico.

A Beber

Quizás, solo quizás, este es un aspecto de la dieta en el que todas las personas amantes de los perros pueden estar de acuerdo. La mayoría de nosotros no prestamos mucha atención al agua, pero cuando se trata de nuestros perros, el H2O es crucial. Los Pastores Alemanes son perros grandes y obviamente necesitan más agua que el Pomerania de la tía Paula. Un Pastor Alemán adulto, moderadamente activo, necesita beber aproximadamente 30 ml de agua por kilogramo de peso corporal al día. Clima más caluroso, más ejercicio, más agua.

Consejos Sobre el Agua

- El agua fresca siempre debe estar accesible.
- Cámbiala con frecuencia.
- Esto puede sonar gracioso, pero anima a tu Pastor Alemán a beber. Tienen muchas cosas en mente, y creo que a veces simplemente se olvidan de beber. Recuérdaselo.

La Dieta Básica

"La mayoría de los Pastores Alemanes se desarrollan muy bien con un alimento comercial equilibrado. Algunos perros pueden tener alergias alimentarias o requisitos dietéticos especiales, pero elegir un perro bien criado debería prevenir la mayoría de estos problemas".

Katie Halfen
Casamoko Shepherds

Así que aquí estamos de nuevo, de pie en la tienda de alimentos para mascotas, contemplando las interminables filas de calorías caninas preenvasadas. Si decides alimentar a tu Pastor Alemán exclusivamente con comida comprada en la tienda, la mayoría de las marcas comerciales están formuladas para proporcionar los nutrientes básicos que Maggie necesitará. Muchas indicarán que cumplen con las directrices nutricionales establecidas por la FCI (Federación Cinológica Internacional). Estos son estándares modelo establecidos con fines informativos y no tienen un papel regulador. La regulación es manejada por las diversas autoridades nacionales. La comida enlatada generalmente describe su contenido de dos maneras.

- Ingredientes
- Análisis garantizado

Si tú lees las etiquetas, observa algo como lo siguiente en la lista de ingredientes. Digamos que tienes una lata de cada uno de dos alimentos para perros igualmente caros, a base de pollo. Una empresa enumera como primer ingrediente el pollo deshuesado. La otra señala como primer ingrediente el caldo de pollo. ¿Cuál deberías llevarte a casa? Yo sugeriría que el que enumera el pollo deshuesado como primer ingrediente probablemente te dará más por tu dinero. Lee la letra pequeña.

La comida enlatada, o comida húmeda como también se le llama, puede ser todo lo que alimente a tu Pastor Alemán, pero a menos que estés complementando la dieta de Maggie de otras maneras, con hue-

sos, por ejemplo, sus dientes no obtendrán el ejercicio que necesitan para mantenerse relativamente limpios. Yo combino comida húmeda y croquetas para la mayoría de las comidas de Cody. La idea es que las croquetas proporcionarán parte de la acción abrasiva necesaria para eliminar el sarro que puede acumularse en los dientes de un perro.

Todas esas bolsas de comida seca, o croquetas, se anuncian de manera muy similar a la comida enlatada, pero al examinarlas encontrarás las croquetas mucho menos apetitosas cuando leas los ingredientes. Los fabricantes de alimentos secos también presumen de cumplir con los niveles nutricionales de la FCI; por ejemplo, el que tengo frente a mí enumera el maíz como el ingrediente número uno, seguido de harina de subproductos de pollo y luego arroz de cervecería. Los alimentos secos también enumeran el análisis garantizado. Ese análisis podría verse algo así.

- Proteína bruta 23%
- Grasa bruta 15%
- Fibra bruta 3,9%
- Humedad 10%

Necesitas hacer algo de investigación y leer la letra pequeña, pero aquí hay algunas pautas nutricionales generales a seguir con la comida para perros preenvasada.

- La proteína debe ser el ingrediente número uno en la lista y debe identificarse como una carne entera, como ternera, pollo o pescado. La proteína contribuye a la construcción y mantenimiento muscular.

- La grasa es necesaria en la dieta de tu Pastor Alemán. Ayuda a promover un pelaje y una piel saludables. También puede ser problemática para algunos Pastores Alemanes. Si bien los niveles de grasa en la comida húmeda y seca generalmente no son motivo de preocupación, los Pastores Alemanes pueden tener dificultades para digerir la grasa, por lo que si complementas la dieta de Maggie, es mejor evitar cualquier alimento graso.

- Vegetales y frutas. La mayoría de los perros continuarán comiendo lo que se les ha introducido como cachorros. Por eso no es raro ver perros que consumen zanahorias, comen manzanas y mastican brócoli. Estos alimentos también les proporcionan una gran cantidad de minerales y vitaminas que de otra manera no obtendrían en esa forma. Las verduras y frutas son buenas para los procesos de digestión y eliminación del animal.

Para completar mis pensamientos sobre la opción de menú comprado en la tienda, uno de los principales inconvenientes es el gasto. Bastante a menudo obtienes lo que pagas en este ámbito minorista, por lo que el mejor alimento para Maggie probablemente también será el más caro.

Una Dieta Cruda

Aquí hay otro enfoque para alimentar a tu Pastor Alemán. Un número creciente de dueños de perros tienen a sus cachorros con una dieta de alimentos crudos. Hay diferentes ideas sobre cómo lograr esto, pero aquí está el impulso principal: los perros son carnívoros y sus sistemas están diseñados para consumir carne cruda y huesos. ¿Cómo es esta dieta? Aquí está, en su forma más básica.

Dieta de Alimentos Crudos Modelo Presa
- 80% carne muscular
- 10% huesos comestibles
- 5% hígado
- 5% otras vísceras

Algunos dueños de Pastores Alemanes modifican aún más esta dieta. Siguen algo llamado la dieta Franken Prey. Reúnen carnes y partes de varios animales y aves, creyendo que es más saludable tener alguna variedad de proteína de "presa". Hay un tercer grupo de dueños que alimentan a sus Pastores Alemanes con "presa completa". Esto implica alimentar al animal de presa entero de una sola vez. El concepto aquí es que todo es natural y está en equilibrio proveniente de ese único elemento en el menú. Algunos alimentadores de dieta cruda agregarán Omega 3 a las dietas de sus animales, creyendo que las carnes comerciales carecen de ese ácido graso.

Filosofía Cruda
- Lo crudo es natural
- La materia vegetal no es necesaria para los carnívoros
- La suplementación debe ser limitada

No existe tal cosa como el statu quo en el mundo de los perros y las dietas no son una excepción. Si bien hemos hablado de una dieta estrictamente cruda para Pastores Alemanes, retratando a los perros como carnívoros naturales, hay otro grupo de dueños que piensan que los perros son naturalmente omnívoros. Comedores de carne y plantas. Alimentar a los perros siguiendo esta filosofía se conoce como la dieta BARF. No es cómo yo lo habría llamado, pero en fin.

Creyentes del BARF

BARF significa Alimento Crudo Biológicamente Apropiado (por sus siglas en inglés). No quiero que todo este capítulo sea sobre lo crudo, pero sería negligente si no mencionara este estilo de dieta. Donde la gente del BARF difiere de los alimentadores de carne estrictamente cruda es que el menú es un poco más abierto.

- Además de carne y huesos, la dieta BARF incluye un 10% de vegetales, frutas, semillas y frutos secos. Los defensores también sugieren que cualquier vegetal o fruta sea al vapor o en puré para ayudar a la digestión del perro.

¿Qué Es Eso Que Estás Comiendo?

Es una pregunta con la que todos tenemos que lidiar cuando esos grandes ojos de Pastor nos miran a la cara a la hora de comer. ¿Dejas que Maggie coma comida de personas? Bueno, puedo decirte que hay algunos alimentos que los humanos consumen regularmente que son venenosos para los perros. Vamos a repasar esa lista ahora mismo.

No Alimentes a los Animales Con

- Chocolate y cafeína (eso incluye cacao en polvo y chocolate para hornear)
- Uvas y pasas
- Cebollas
- Alcohol
- Lúpulo (que se encuentra en la cerveza)
- Nueces de macadamia
- Nueces
- Aguacate
- Xilitol (un edulcorante artificial que se encuentra en una variedad de dulces, productos horneados y algunas mantequillas de cacahuete)
- Huesos cocidos (pueden ser un peligro de astillamiento)
- Alimentos grasos, incluido el tocino y los recortes de grasa (pueden causar pancreatitis)
- Semillas de manzana (contienen pequeñas cantidades de cianuro)

A todos les encanta una comida casera, incluidos los Pastores Alemanes. No tienes que darles sobras de la mesa; realmente puedes plani-

Foto cortesía de
Eduardo De Luna

ficar sus menús y proporcionarles un sustento de buena calidad, alimentos que tú sabes que son beneficiosos para ellos porque los preparaste. No he avanzado a la etapa de planificación completa de comidas para Cody, pero compro carne en el supermercado y la cocino para mezclarla con su comida enlatada regular y croquetas. Si decides asumir la responsabilidad de cocinar para tu Pastor Alemán, debes tener un plan nutricional en su lugar. Algunos veterinarios podrían ayudarte con esto, pero podría ser una mejor idea tratar de encontrar a alguien especializado en nutrición canina.

Puedes comenzar a alimentar a Maggie con una mejor dieta agregando a un menú comprado en la tienda. Aquí hay una lista de muestra de algunos alimentos a considerar, y recuerda, los Pastores Alemanes aman la carne real. Siempre busco la proteína de oferta que está con precio para venta el mismo día y la cocino cuando llego a casa o la congelo para su preparación posterior.

- Carne picada o carne para guisar en cubos

- Hígado (ocasionalmente)
- Atún y salmón
- Pollo
- Pasta hervida. Puede ser entretenido ver hilos de espagueti colgando de la boca de tu Pastor Alemán. Vale, a veces hay mucha tranquilidad en mi casa.
- Huevos cocidos
- Arroz y patatas
- Verduras al vapor

Reservo el queso para premios en pequeñas cantidades. Cody tiene un hueso de golosinas de goma con agujeros en cada extremo que arrastra por la casa por las noches buscando una ración de mantequilla de cacahuete. Recibe unas gotas la mayoría de las noches. Hay un millón de recetas para comida casera para perros en internet, pero siempre debes colocar su plantilla nutricional sobre cualquier receta antes de encender el horno.

Volviendo a esos grandes ojos de Pastor Alemán que te miran durante la cena. Debes saber que está bien darles a los perros algunas sobras de la mesa siempre que tengas en cuenta sus requisitos de salud. Sugiero poner cualquier cosa así en el cuenco de Maggie para que la consuma. No querrás alimentarla con la mano desde la mesa y terminar con una pedigüeña perpetua. La otra preocupación a tener en cuenta es el peso de tu perro.

Vigilantes del Peso

Si vigilas el peso de tu Pastor Alemán desde el primer día, tendrás más posibilidades de ganar cualquier batalla contra la gordura que puedas tener que librar. La misma idea cuando se trata de tu propia cintura.

Datos Sobre la Obesidad

- La tasa de obesidad adulta en los países desarrollados es de aproximadamente el 33%. Eso es una de cada tres personas.
- La mayoría de los estudios sitúan la tasa de obesidad canina en el 50%. Eso es un asombroso uno de cada dos perros.

A partir de esos números de peso pesado, puedes ver que lo que nos estamos haciendo a nosotros mismos, también se lo estamos infligiendo a nuestros perros. Y eso no es justo. Hay una fórmula bastante estándar para los Pastores Alemanes con sobrepeso.

- **Sobrealimentación + Falta de Ejercicio = Obesidad**

Esa fórmula no tiene en cuenta ningún problema médico que Maggie pueda estar experimentando. Si tu Pastor Alemán está ganando peso y su estilo de vida no ha cambiado sustancialmente, el primer recurso, como he dicho una y otra vez, es un chequeo médico en tu veterinario para descartar un problema físico.

Si tienes un perro con sobrepeso en tus manos y has identificado al culpable, también conocido como el "hombre en el espejo", entonces puedes tomar medidas para hacerlo adelgazar. Una cosa que los dueños de Pastores Alemanes tienen a su favor es que los Pastores Alemanes, en general como raza, típicamente no tienen un problema de peso. ¿Cómo puedes saber si tu perro tiene sobrepeso?

- Ve a la consulta de tu veterinario y haz que Maggie se suba a la báscula. Eso te dará un peso de referencia.

- Consulta con el veterinario el peso ideal de tu perro.

- En promedio, los Pastores Alemanes pesan entre 30 y 40 kilogramos.

- Mira a tu perro de lado. ¿Tiene cintura? Si la cintura no se estrecha, hay un problema de peso.

- Pasa sus manos sobre su caja torácica de adelante hacia atrás. Si no puedes sentir las costillas, esa es otra señal de advertencia.

Dando el Paso

Conoces el camino a la consulta de tu veterinario. Podrías conducir allí dormido. En uno de tus viajes, consulta con el sobre el desarrollo de un plan de pérdida de peso para Maggie. Tu veterinario considerará la edad, la salud general y la cantidad de kilos que deben perderse y te ayudará a desarrollar un enfoque diario y gradual para una mejor salud para tu Pastor Alemán. Establecerá un límite de calorías por día. Ese plan podría implicar cambiar gradualmente algunos de los alimentos que le has estado proporcionando. También podría modificar la forma en que Maggie ha estado comiendo.

Horarios de Comida

- Si has sido un alimentador de libre elección, eso probablemente tendrá que cambiar. Libre elección significa comida disponible todo el tiempo con el perro eligiendo cuándo y cuánto comer.

- Es mejor establecer un horario de alimentación. Dos comidas al día es el enfoque convencional con las porciones estrictamente reguladas.

- Tu veterinario también puede sugerir un enfoque de alimentación cronometrada. Eso requiere colocar la comida durante un período de tiempo establecido, digamos treinta minutos, y luego retirarla al final de ese tiempo.

- Los premios pueden ser algo que desees eliminar o reducir drásticamente.

- Si has estado complementando la dieta de Maggie con sobras de comidas humanas, tendrás que desechar esa práctica.

  ¿Recuerdas esa fórmula de sobrepeso mencionada anteriormente?

- **Sobrealimentación + Falta de Ejercicio = Obesidad**

Tú y el veterinario habrán clavado la parte de sobrealimentación de la ecuación. Ahora es el momento de que tú y tu Pastor Alemán implementen la porción de ejercicio. La pérdida de peso, como sabes, debe ser un proceso gradual. Y necesitas ser consistente en tu enfoque. Si has estado pensando en perder algunos kilos, podrías convertirlo en un esfuerzo de equipo y desarrollar un programa de ejercicios que te beneficie tanto a ti como a tu Pastor Alemán.

Con Calma

- Comienza tu programa de ejercicios gradualmente. Varias caminatas de quince minutos (digamos tres para empezar) al día. Tal vez puedas incluir un poco de tiempo para buscar, pero no te excedas.

- A medida que tú y Maggie comiencen a convertirse en sombras de lo que eran, puedes aumentar el ritmo. Yo apuntaría a hacer ejercicio durante un par de horas al día en última instancia. Eso puede ser una combinación de caminatas, lanzamiento de pelotas, tira y afloja, escondite y cualquier otra cosa que se te ocurra para moverse.

- Natación. Si puedes meter a tu Pastor Alemán en el agua, y a la mayoría les encanta, ese es un gran ejercicio que es relativamente fácil para el cuerpo, especialmente el cuerpo con sobrepeso. La moderación es clave.

Quizás, solo quizás, algunos de ustedes están pensando: "Sabes, todo esto suena genial, pero simplemente no tengo tiempo para hacer todo esto. Perder peso es una ocupación a tiempo completo y ya tengo un trabajo". Bueno, considera estas ideas.

- Haz que otros miembros de la familia se dividan el tiempo de ejercicio contigo.

- Contribuye a tu economía local. Contrata a un paseador de perros para que saque a Maggie y la pasee por la manzana.

- Entrenamientos en interiores. Incluso hacer que tu Pastor Alemán suba y baje las escaleras unas cuantas veces contribuirá a quemar algunas calorías.

- Si vives lo suficientemente cerca, vuelve a casa para almorzar y dar un paseo.

- Si no vives lo suficientemente cerca para volver a casa a la hora del almuerzo, ¿puedes llevar a tu Pastor Alemán al trabajo contigo? Tus tiempos de descanso podrían ser los tiempos de descanso de Maggie.

- Una visita al parque para perros o al patio trasero de un amigo canino puede ser buena para un juego.

Si devuelves a tu Pastor Alemán a un peso saludable, lo mantendrás más sano por más tiempo, aumentará su esperanza de vida y, lo mejor de todo, le darás una mejor calidad de vida. ¿No se merece eso cada Pastor Alemán?

Mi Consejo
"Si tu perro es gordo, tú no estás hacienda suficiente ejercicio"

Autor desconocido

Ahora que tienes a tu Pastor Alemán luciendo tan elegante como un Galgo de carreras, necesitarás pensar en tenerlo irresistiblemente acicalado. Tengo que confesar, mi esposa mantiene a nuestro Pastor Alemán luciendo lo mejor posible, y vale la pena. Justo el otro día, cuando Cody y yo estábamos en el estacionamiento fuera de la tienda de alimentos para mascotas, un hombre se detuvo y miró a mi Pastor Alemán y dijo: "¡Hermoso!". Esto también puede sucederte a ti, si te mantiene al día con todo el cepillado y recorte que debes hacerle. Tienes una cita para visitar el Salón del Pastor para algunos consejos de belleza en el próximo capítulo.

CAPÍTULO 17
Salón del Pastor

"La muda del pelaje puede ser diferente en los perros dependiendo de si están esterilizados o no. De hecho, los Pastores Alemanes normalmente mudan dos veces al año, pero los perros que han sido esterilizados pueden parecer mudar con mucha más frecuencia. Creo que la dieta y el estrés también juegan un papel importante en la muda".

Doreen Metcalf
Timber Ridge Farm

Foto cortesía de Marisa McEachern

A veces las personas piensan que el acicalamiento de un Pastor Alemán consiste solamente en cepillarlo. Si bien esa es ciertamente una parte importante del mantenimiento del perro, es solo una pieza. En este capítulo trataremos todos los demás aspectos para mantener a tu Pastor Alemán saludable, como el baño, el cepillado de dientes y el corte de uñas, pero comencemos con el hermoso pelaje doble que viene como equipamiento estándar en los Pastores Alemanes.

A veces no puedo evitar reírme cuando leo en varios foros caninos en línea la pregunta "¿Cómo puedo evitar que mi Pastor Alemán suelte pelo?". Hay una respuesta bastante simple a esa consulta algo inocente. No puedes evitar que muden. Por eso se les llama cariñosamente "Pastores Mudadores". Hay algunas cosas que puedes hacer para que la pérdida de pelo sea manejable, pero nunca estarás sin la ocasional bola de pelo rodando por la casa. O el momento de "¿es eso un pelo en mi boca?". Quizás hayas visto esos pequeños letreros en tiendas turísticas que dicen algo como esto.

"En nuestra casa el pelo de perro es a la vez un condiment y un accesorio de moda."

Puede haber algo de humor ahí, pero también es un hecho sobre los Pastores Alemanes. Créeme, con una buena aspiradora y hábitos consistentes de tu parte, todo es manejable. Hay algunas cosas que necesitarás hacer, y si las conviertes en tareas diarias, disminuirás tu carga de trabajo general.

Pastores Mudadores

Cuando llevas un Pastor Alemán a casa, estás obteniendo el doble de pelo por el dinero que pagas. Apuesto a que la mayoría de las personas no saben que hay dos capas de pelaje en cada Pastor Alemán:

1. Una capa externa, la que es visible a simple vista. Aquí es donde crecen los pelos de guarda más largos y se desprenden individualmente. Esta capa protege la piel del perro de la humedad y la suciedad.

2. Una capa interna, que es relativamente densa con pelos cortos y se desprende frecuentemente en mechones. Esta capa mantiene a los Pastores Alemanes calientes en clima frío y más frescos en clima caluroso.

Mi Consejo
- Nunca afeites a tu Pastor Alemán. Aunque algunas personas puedan pensar que esto los hará más frescos en clima caluroso, en realidad, sin el efecto moderador de su doble capa, el perro se vuelve susceptible a quemaduras solares e incluso a golpes de calor.

Cómo Manejarlo

Una de las formas de mantener bajo control la muda de Crash es cepillarlo todos los días. De esta manera, irás recogiendo el pelo suelto gradualmente. Un problema de salud que puede surgir del cepillado poco frecuente es la formación de nudos en la capa interna; eso puede provocar irritación de la piel e infecciones. Te sugiero que abordes las sesiones de cepillado como un momento divertido con tu mascota. Nunca he conocido una sesión de cepillado de Cody que no se convierta en una pequeña lucha libre completa con gemidos e intentos poco entusiastas de escapar. Y esa es solo la reacción de mi esposa cuando cepilla al perro. Otra cosa a la que debes acostumbrarte es que un Pastor Alemán "suelta" su pelaje dos veces al año. Y ese término "suelta" no se usa a la ligera. Esto ocurre una vez en otoño, desarrollando un pelaje más grueso para el invierno, y a principios de primavera, perdiendo el pelaje de invierno en anticipación a la diversión y el retozo en temperaturas más cálidas. Podrás llenar bolsas de basura completas con pelo de Pastor Alemán durante esas semanas de muda intensa.

Herramientas del Oficio

"Me gusta usar un rastrillo de aseo simple y un cepillo de cerdas. Esta combinación funciona muy bien, el rastrillo eliminará la capa interna muerta y el cepillo de cerdas ayuda a darle el toque final. Un secador de perros de alta potencia también es fantástico para eliminar el pelaje suelto. ¡Solo prepárate, saldrá volando!"

Celeste Schmidt
Dakonic German Shepherds

Hay varios artículos que harán tu vida mucho más fácil cuando se trata de darle a Crash un peinado impresionante.

- Rastrillo para subcapa. Parece un peine de dientes largos con un mango de cepillo y te permite llegar a la espesa capa interna. Usarlo en tu perro es como darle un masaje y llegarán a amarlo.

- Peine de aseo. Este es un peine de acero que te permite dar a áreas específicas un peinado más fino.

- Cepillo de púas. Este es un cepillo muy suave y se usa principalmente para tratar la capa externa. Pueden ser de dos caras, con púas más cortas y más largas en lados opuestos.

Recuerda ser suave al cepillar. Si tienes un Pastor Alemán de pelo abundante o de pelo largo, recuerda prestar especial atención a la cola y a la parte superior de las patas. El pelo largo en la parte superior de las patas y entre los dedos puede enredarse muy fácilmente si se descuida. Si eres constante con tu cepillado diario, puede completarse en diez minutos. Como todas las rutinas para Pastores Alemanes, una vez que se acostumbran a la sesión de mantenimiento, debería realizarse sin problemas. Lo otro que te recordaría es hablar con tu Pastor Alemán mientras realizas cualquier tipo de actividad con él. Escucharán interminablemente lo que tú digas y raramente responderán.

El Bañista Infrecuente

Los Pastores Alemanes no necesitan muchos baños. De hecho, la regla en nuestra casa es que Cody generalmente no se lava a menos que huela tan a perro que resulte vergonzoso. La teoría detrás de esto es no eliminar los aceites esenciales del pelaje que ayudan a mantener el pelo saludable y evitar que la piel se reseque.

- Cuando bañes a tu Pastor Alemán, asegúrate de usar un champú para perros. La mayoría de ellos tienen un pH neutro diseñado para la piel de un perro.

- Busca uno que contenga ingredientes naturales y humectantes. Nosotros usamos uno que contiene avena.

- Si tu Pastor Alemán tiene una afección cutánea, es mejor consultar a un veterinario por cualquier champú medicado que pueda ser necesario.

Es importante mencionar aquí que si tu perro tiene un problema de piel, podría estar directamente relacionado con el alimento que está consumiendo. Crash puede tener alergias, y un cambio en la dieta podría ser la clave para aliviar cualquier malestar dérmico. Alimentar a tu Pastor Alemán con comida de alta calidad también asegurará un pelaje y piel saludables.

Foto cortesía de Celeste Schmidt Dakonic GSDs

Consejos para el Recorte

Muchas personas se sienten intimidadas ante la idea de cortar las uñas de su perro. De hecho, conozco personas que van a una de las grandes tiendas de mascotas o a su veterinario cada vez que se requiere una "pedicura canina". Si comienzas cuando tu Pastor Alemán es un cachorro y te aseguras de tener un par de cortaúñas de buena calidad, puedes manejar el trabajo tú mismo. Es posible que tu perro nunca disfrute que le corten las uñas, pero los Pastores Alemanes aprenderán a tolerarlo.

- Necesitarás cortar las uñas de Crash regularmente. Revisarlas cada semana es una buena práctica. Si escuchas un sonido de clic en el piso de madera cuando tu perro camina, es la hora de hacerlo.

- Recorta un poco en cada sesión. Muchos Pastores Alemanes tienen uñas negras y no podrás ver dónde comienza la parte viva. La parte viva es una pequeña área de suministro de sangre y nervios a la uña. Si accidentalmente cortas esa parte, sangrará.

- Asegúrate de tener algún tipo de polvo hemostático a mano para detener el sangrado si cometes un error.

- No olvides los espolones. Están ubicados en el interior de cada pata.

Diseño Dental

Mientras tu cachorro fue creciendo, probablemente hayas pasado por alto prestar atención a su boca. Todo ese masticar y mordisquear puede ser agotador después de un tiempo. Ahora voy a decirte que necesitas prestar especial atención a los dientes de Crash. Ya sea que mastique huesos o no, que consuma masticables dentales o no, tu perro necesitará ayuda con su higiene bucal. Al igual que en los humanos, si no te ocupas de la placa ahora, seguramente tendrás que lidiar con ella más tarde.

- Si no te has preocupado por los dientes de tu Pastor Alemán y necesitas que se los limpien profesionalmente, puede costar hasta ochocientos euros. Tu perro también puede tener que someterse a anestesia general para el procedimiento. No querrás llegar a eso.

Comienza con tu Pastor Alemán temprano en su vida y acostúmbralo al hecho de que vas a introducir cosas en su boca, incluidos sus dedos. Cualquiera que sea la herramienta que decidas usar, solo necesitas entrar ahí.

- Hay todo tipo de cepillos de dientes caninos en el mercado. Algunos tienen cerdas en ángulo que pueden ayudar con un cepillado más profundo.

- Incluso puedes obtener un cepillo que se ajuste sobre la punta de tu dedo si crees que podría funcionar mejor para ti.

- Hay toallitas dentales para perros disponibles. Algunas de ellas están hechas con bicarbonato de sodio, por lo que es una forma bastante natural de limpiar los dientes de Crash.

- Usa solo pasta de dientes canina. Todo tipo de sabores, incluido nuestro favorito en casa, mantequilla de cacahuete.

- Puedes usar bicarbonato de sodio en lugar de pasta de dientes si puedes lograr que tu perro coopere.

- Otra forma de gastar tu dinero duramente ganado y ayudar con la placa de tu Pastor Alemán es ofrecerle masticables dentales. Muchos de ellos afirman curar el mal aliento. Te dejaré a ti ser el juez de eso.

- Solo un recordatorio. La comida seca, las croquetas, proporcionan cierta acción abrasiva en los dientes de tu perro.

Puedes cepillar los dientes de tu Pastor Alemán en un par de minutos una vez que Crash entienda el programa. Sugiero cepillar al final del día cuando tu Pastor Alemán esté cansado y su resistencia no sea tan enérgica.

- Dedica tu tiempo a la parte exterior de los dientes, que es donde se acumula la mayor parte de la placa.

- Concéntrate en los dientes superiores por la misma razón.

- Idealmente, sostén tu cepillo en un ángulo de 45 grados y usa movimientos circulares.

- No se requiere enjuague.

Permíteme terminar esta sección con una estadística del Colegio Americano de Odontología Veterinaria.

A los tres años de edad, la mayoría de los perros tienen alguna evidencia de enfermedad periodontal.

Tu perro no tiene que ser uno de los desafortunados. Si estableces una meta mínima de cepillado tres veces por semana, probablemente no sea más de lo que puede manejar.

*Foto cortesía de
Tricia Ansell*

Los Ojos Maravillosos

Los ojos de un Pastor Alemán y su visión son definitivamente algunas de las maravillas de la naturaleza. Para empezar, los Pastores Alemanes no son daltónicos. Pueden ver muchos tonos de gris, azul y amarillo. Rojo y verde no tanto. Tienen una gran visión nocturna y un campo de visión mucho más amplio que el nuestro, lo que permite a los Pastores Alemanes rastrear objetos en movimiento mejor que los humanos.

Afortunadamente, los Pastores Alemanes tienen relativamente pocos problemas de visión. Podrías ver un poco de mucosidad en la esquina de su ojo de vez en cuando, pero no es nada que una limpieza rápida con un paño limpio y húmedo no pueda solucionar. Si detectas algo más allá de un poco de mucosidad, no dudes en visitar a tu veterinario.

Tocar de oído

Revisar las orejas de Crash es una parte integral del proceso de acicalamiento del Pastor Alemán. Las orejas se ensuciarán solo con el desgaste diario habitual, especialmente durante el verano. Hay una solución de limpieza de oídos disponible en tu veterinario que puedes usar para el mantenimiento. Simplemente exprime un poco del líquido en una bola de algodón limpia y limpia el interior de la oreja.

- El gran villano en lo que respecta a las orejas de un Pastor Alemán es el agua. Si Crash va a nadar y le entra agua en las orejas, eso es un problema potencial. El agua cambia el equilibrio del pH en el oído y puede preparar el escenario para una infección. Ahora usamos la solución de limpieza de oídos proporcionada por el veterinario en las orejas de Cody después de cada baño, tras haber pasado por una infección de oído.

- Una indicación de que Crash está teniendo un problema de oído es mucho movimiento de cabeza y rascado de orejas. Si eso continúa por un tiempo, se justifica una visita al veterinario.

Las orejas de tu Pastor Alemán deben ser revisadas semanalmente. La solución para oídos es relativamente económica y siempre debes tenerla a mano. Puede ahorrarte muchos problemas. Lo bueno es que al ser erguidas las orejas de un Pastor son menos susceptibles a problemas en comparación con las razas de orejas caídas.

En el próximo capítulo trataremos algunos problemas básicos de atención médica para tu Pastor Alemán. Cubriremos muchas de las plagas y enfermedades que puedes encontrar. Pero no te preocupe, no solo te daré problemas, también te proporcionaré algunas soluciones.

CAPÍTULO 18

Cuidados Básicos de Salud para el Pastor Alemán

Volvamos al punto de partida con todo este asunto de los perros. Bueno, quizás al segundo punto. El primero sería traer a Schatzi a casa. El segundo es que tú necesitas encontrar un veterinario para Schatzi. Pero espera un momento, ¿por qué necesitas encontrar un veterinario? Existe una corriente de pensamiento entre algunos dueños de perros que considera que los veterinarios como grupo, aunque proporcionan un servicio esencial y realizan un buen trabajo, solicitan ver a los perros y otros animales con demasiada frecuencia. Y durante esas visitas frecuentes recetan en exceso pruebas, vacunas y medicamentos. El razonamiento detrás de este pensamiento es la suposición de que los veterinarios hacen esto porque es una forma establecida desde hace tiempo para aumentar sus ingresos. No voy a dedicar mucho tiempo a esta forma de pensar, pero quería mencionártela. Como he dicho antes, la investigación es el mejor amigo del dueño de un Pastor Alemán cuando se trata de averiguar qué es lo correcto para ti.

Esto es lo que diré sobre la teoría de "demasiado veterinario". Cada uno decide con qué frecuencia y por qué razones acude a la consulta del veterinario. Pero no creo que nadie quiera arriesgarse con la salud de su perro.

Recomendaciones Veterinarias de Vacunación

Aquí hay una lista de vacunas que las organizaciones veterinarias internacionales como la WSAVA (Asociación Mundial de Veterinarios de Pequeños Animales) sugieren para tu Pastor Alemán.

Vacunas principales (core vaccines):
- Moquillo
- Hepatitis/Adenovirus canino
- Parvovirus
- Parainfluenza
- Rabia

Vacunas opcionales (no-core vaccines) disponibles y recomendadas dependiendo de tu ubicación geográfica y factores de riesgo:

- Bordetella
- Coronavirus
- Enfermedad de Lyme
- Leptospirosis

Después de la serie de vacunaciones para cachorros durante los primeros cuatro meses de vida, las organizaciones veterinarias recomiendan las vacunas principales (moquillo, hepatitis, parvovirus y parainfluenza) y rabia cada uno a tres años, dependiendo de lo que tú y tu veterinario decidan según las regulaciones locales y el estilo de vida de tu perro.

Nota importante: Siempre consulta con tu veterinario local sobre el calendario de vacunación más apropiado para tu Pastor Alemán, ya que las recomendaciones pueden variar según la región geográfica y los riesgos de exposición específicos.

Vacunosis

Al hablar de veterinarios, sería negligente en esta sección del libro si no mencionara algo llamado vacunosis. Esta es una condición que generalmente no es mencionada por los veterinarios tradicionales. La vacunosis es una afección crónica que parece surgir de las vacunaciones. Los síntomas pueden variar desde fiebre y pérdida de pelo hasta otros más graves como cáncer y convulsiones. Estos síntomas normalmente no se manifiestan hasta mucho después de que se hayan administrado múltiples vacunas. Hay algunos veterinarios holísticos que conocen muy bien la vacunosis, por lo que si te preocupa esta posibilidad con tu perro, sería mejor consultar con un veterinario que crea que la vacunación innecesaria puede crear enfermedades crónicas.

Así que, independientemente del régimen de vacunación que decidas, tú necesitas tener una relación continua con tu veterinario. Van a surgir cosas ordinarias: infecciones de oído, diarrea que no desaparece, zonas calientes que no sanan; la lista es casi interminable. Además, voy a recomendar una visita anual para un chequeo de Schatzi, incluso si tú piensas que todo está bien. Como mínimo, durante ese ritual anual, puedes pesar a tu Pastor Alemán y contar con unos ojos profesionales y capacitados que examinen a tu perro. El precio de la consulta veterinaria te compra tranquilidad. También se llama atención sanitaria preventiva. Yo lo llamo una buena idea.

¿Qué le Está Molestando?

Una de las cosas menos deseables de tener un Pastor Alemán son los compañeros no invitados que puede traer a casa ocasionalmente. Con esto me refiero a algo como, digamos, pulgas. Me pica solo de escribir esa palabra. Las pulgas son más que simples plagas. Estos pequeños chupasangres son un auténtico peligro para la salud.

Enfermedades por Pulgas

Aquí es donde una buena rutina de aseo puede atajar un problema potencialmente grave desde el principio. Tú ya conoces el doble pelaje de un Pastor, ya hemos hablado de eso. Es la capa interna la que preocupa aquí. La capa interna es para las pulgas como el escondite de Hole in the Wall era para Butch Cassidy y Sundance Kid en el Viejo Oeste. Una vez que las pulgas se esconden allí, es difícil sacarlas. Por lo tanto, si estás cepillando y peinando el pelaje de tu Pastor Alemán regularmente, deberías poder detectar evidencia de una infestación de pulgas temprano, como heces de pulgas, que parecen pequeñas motas negras, o los pequeños bichos en sí. Las pulgas son diminutas pero visibles a simple

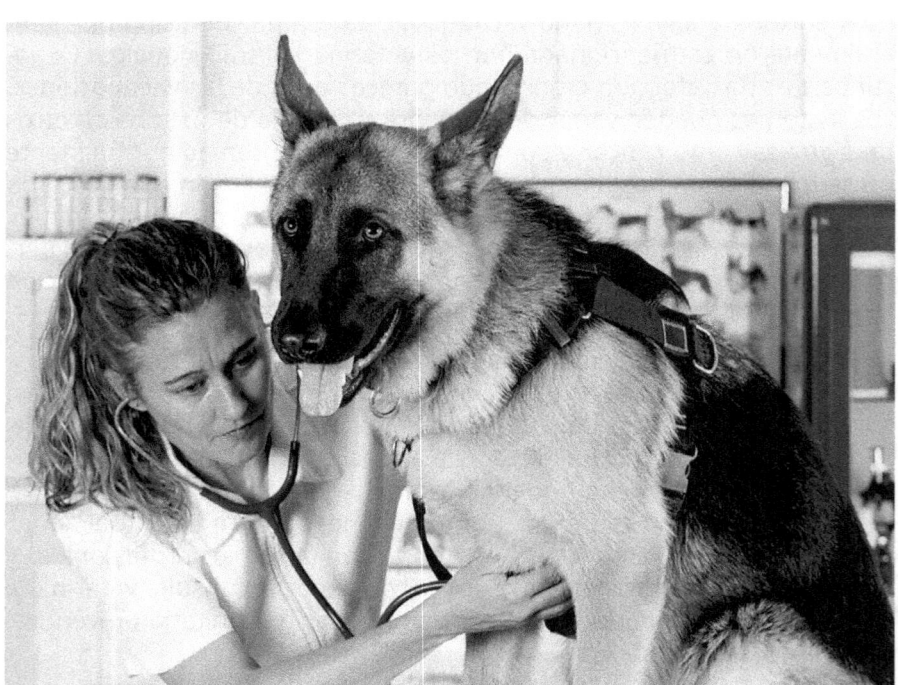

vista y saltarán si las detectas. Si las ves o ves señales de ellas, esto es lo que debes hacer.

Fin de las Pulgas

Tienes que atacar las pulgas en varios frentes diferentes, pero comencemos con el perro. Si ves a tu Pastor Alemán mordiendo, rascando y mordisqueando mucho, es probable que tú y Schatzi estén albergando una fiesta de pulgas.

- Usa un champú antipulgas en tu Pastor Alemán. Esto eliminará los insectos, al menos temporalmente.

- Luego necesitas obtener protección a largo plazo para Schatzi. Tienes varias opciones diferentes. Están los tratamientos tópicos como Advantix o Frontline, que se aplican con guantes en la parte posterior del cuello del perro. Productos como Bravecto y NexGard vienen en una tableta masticable que dura de uno a tres meses. También hay algunos collares antipulgas razonablemente efectivos en el mercado. Tu elección debe basarse en lo que encuentres que funciona.

- Deberías considerar rociar tu jardín con un insecticida para erradicar cualquier población existente de pulgas.

- Si la infestación ha estado ocurriendo durante algún tiempo, es probable que los insectos también se hayan instalado en tu casa. El ciclo de vida de la pulga es tal que incluso si ha matado a los adultos, hay huevos y larvas esperando su turno para hacer tu vida miserable. Entonces necesitarás tratar el interior de tu hogar.

Prevención de Enfermedades

Mencioné que las pulgas son un peligro para la salud y aquí está el porqué. Los pequeños parásitos pueden causar grandes problemas a tu Pastor Alemán si no se controlan.

- Infecciones. Los insectos muerden y muerden y muerden. Tu perro mordisqueará, masticará y rascará, creando llagas abiertas que dan acceso a bacterias desagradables para hacer su malvado trabajo.

- Dermatitis. Algunos Pastores Alemanes son alérgicos a las picaduras de pulgas. Esta reacción alérgica conduce a infecciones cutáneas.

- Tenias. Me da escalofríos solo pensar en esto. Los perros naturalmente muerden cualquier pulga que puedan alcanzar y a veces se las comen. Si Schatzi ingiere una pulga infectada con una tenia, entonces está en problemas.

- Peste. Las picaduras de pulgas pueden transmitir esta enfermedad a tu perro si las pulgas han entrado en contacto con un animal salvaje infectado.

- Anemia. Los Pastores Alemanes pueden sufrir un bajo recuento de glóbulos rojos que provoca fatiga severa si son mordidos por pulgas demasiadas veces.

Hablemos de Garrapatas

Las garrapatas son una amenaza mucho más seria para tu perro que las pulgas. Los diversos tipos de garrapatas son diminutos y cuando los detectas, si los examina bajo una lupa, parecen una araña fea de movimiento lento. Pueden ser pequeñas, pero causan una serie de problemas a tu Pastor Alemán si no se tratan. Las garrapatas, como las pulgas, también buscan chupar sangre de tu perro, pero a cambio dejan una variedad de enfermedades debilitantes. No es un intercambio justo.

Señales Reveladoras de Garrapatas

Las garrapatas son astutas. No sé qué tipo de pequeño cerebro tienen ahí dentro, pero las encontrarás cuando y donde menos lo esperes. Se extienden por la mayor parte de los países y no hay forma de escapar de los pequeños arácnidos. No pueden saltar sobre tu perro. En cambio, descansan en cosas como hojas de hierba más largas y se suben a Schatzi cuando ella roza esa superficie. Así es como saber si las garrapatas están rondando por tu vecindario.

- Puedes verlas realmente. Las he encontrado arrastrándose por mi ropa y, en ocasiones extrañas, en el suelo. Parecen un pequeño punto, pero se moverán lentamente, buscando un lugar para hundir sus dientes. Si ves una en la casa, probablemente habrá llegado en tu perro.

- Cuando estés cepillando a tu Pastor Alemán, podrías encontrarte con lo que parece un pequeño bulto en la piel de tu perro. Se requiere un examen más cercano. Podría ser una garrapata adherida que todavía se está alimentando.

- Si Schatzi está lamiendo o masticando mucho, necesitas mirar más de cerca. Si ves lo que parece una costra, nuevamente podría ser una garrapata.

- Si tu Pastor Alemán no tiene mucho apetito y parece un poco desanimado, podría tener fiebre relacionada con una picadura de garrapata. Una defensa clave contra las garrapatas es el examen regular y minucioso de tu perro.

- Una garrapata adherida continuará alimentándose, aumentando lentamente de tamaño hasta que se vuelva tan grande como una pequeña uña.

Hay varias formas de eliminar las garrapatas, pero algo a tener en cuenta es nunca intentar usar los dedos desnudos. Apretar una garrapata podría enviar más material tóxico al sistema de tu perro. Las garrapatas tienen un cuerpo de una sola pieza, por lo que al eliminarlas es importante asegurarte de no desgarrarlas y dejar la boca incrustada en tu Pastor Alemán.

- Puedes usar unas pinzas de punta roma. Sujetando la garrapata con las pinzas lo más cerca posible de la piel de tu perro, tira suavemente hacia arriba en un movimiento continuo y recto.

Mi Consejo

- Hemos tenido buen éxito en nuestra casa usando algo llamado gancho para eliminar garrapatas. Se parece a una mini palanca. Con esta útil herramienta, colocas las puntas a ambos lados de la garrapata y giras, mientras tiras hacia arriba.

Solo para que tomes en serio cualquier garrapata con la que te encuentres, aquí hay algunas de las complicaciones que pueden introducir en la vida de tu perro si tienen la oportunidad. Y no solo en la vida de tu perro. Las autoridades sanitarias europeas han informado de miles de casos humanos de enfermedades transmitidas por garrapatas en los últimos años.

Enfermedades Transmitidas por Garrapatas

1. Enfermedad de Lyme. Los síntomas incluyen falta de apetito, letargo, dolor en las articulaciones y cojera. Los antibióticos pueden ser efectivos para tratar los síntomas.
2. Fiebre Manchada de las Montañas Rocosas. Fiebre, lesiones cutáneas, dolor en las articulaciones y vómitos. Los antibióticos pueden ayudar.
3. Ehrlichiosis Canina. Fiebre, pérdida de apetito, sangrado nasal. Nuevamente, se recetan antibióticos.
4. Anaplasmosis Canina. Además de fiebre, vómitos y diarrea, los perros pueden sufrir convulsiones. Se sugieren antibióticos.
5. Hepatozoonosis Canina. Fiebre, dolor muscular, heces con sangre. Puede ser a menudo fatal. Los antibióticos se utilizan para combatir esta desagradable enfermedad.

6. Bartonelosis Canina. Fiebre y cojera. Si no se trata, el perro puede desarrollar enfermedad cardíaca o hepática. Es necesario considerar los antibióticos.

7. Babesiosis Canina. Anemia y vómitos. Los antibióticos están en la agenda aquí para el tratamiento.

Lombrices y Parásitos

Casi todos los perros tendrán lombrices durante sus vidas. De hecho, la mayoría de los cachorros comienzan sus vidas con ellas y tienen que ser desparasitados varias veces en sus primeros años. Aquí hay algunos de los pequeños parásitos que pueden abrirse camino, literalmente, en la vida de tu Pastor Alemán.

- **Lombrices redondas**. Estos pequeños animales se pueden encontrar en perros de cualquier edad. Los cachorros pueden contraerlas de sus madres y los adultos pueden contagiarse al acostarse sobre suelo infectado o consumir un animal pequeño, como un ratón infectado. Muchos perros no muestran signos de infección y una muestra de heces analizada por tu veterinario puede determinar si están presentes. El tratamiento consiste en medicación antiparasitaria administrada por vía oral. Estos parásitos también pueden infectar a los humanos.

- **Anquilostomas.** Estos parásitos intestinales se instalan en el sistema digestivo de tu Pastor Alemán. Viven en muchos tipos de suelo y pueden infectar a tu perro por contacto. Debido a que estas lombrices son chupasangres, pueden dejar a tu mascota con diarrea y hacer que pierda peso. Se receta medicación antiparasitaria.

Foto cortesía de Amy Fusco

178

- **Tenias**. Son plagas que se adhieren a los intestinos del perro. Puede encontrar evidencia de ellas alrededor del área anal. Pueden parecer granos de arroz. Recuerda el consejo sobre las pulgas anteriormente en este capítulo. Si mantienes una operación libre de pulgas, reduces las posibilidades de que Schatzi se convierta en anfitriona de esta amenaza. Se receta medicación oral.

- **Tricocéfalos**. Viven en los intestinos de tu perro. Las larvas de tricocéfalos se pueden encontrar en las heces caninas o en el suelo circundante. Limpiar regularmente después de que tu perro defeca limitará la oportunidad de los tricocéfalos. Hay medicación disponible.

- **Gusanos del corazón.** Estos potenciales asesinos viven en el corazón y los pulmones de tu mascota y son transmitidos por mosquitos. Los adultos pueden medir un pie o más de longitud. La fatiga y la dificultad para respirar son signos de infección. El gusano del corazón puede ser fatal. Hay píldoras mensuales y medicamentos tópicos mensuales que se pueden administrar. Hay medicamentos disponibles que tratan múltiples amenazas de lombrices al mismo tiempo.

Continuación de Parásitos

A riesgo de deprimirte por completo, necesito mencionar algunas amenazas más para la salud de tu Pastor Alemán. Recuerda, es mejor saber sobre lo que podrías tener que enfrentar que ser tomado por sorpresa. Es dudoso que con un cuidado detallado y concienzudo tu perro encuentre muchas de estas molestias. ¿Sigues conmigo? Bien, solo unas pocas más, lo prometo.

- **Giardia**. Un pequeño parásito que vive, sí, lo adivinaste, en el intestino de tu perro. Mi perro, Cody, ha sido infectado un par de veces porque insiste en beber agua de estanque a veces cuando no estoy vigilando lo suficiente. Por lo general, la diarrea es el resultado de esta infección. Los medicamentos recetados por el veterinario tomados durante aproximadamente dos semanas deberían solucionar las cosas.

- **Ácaros del oído.** Pequeñas plagas que pueden afectar las orejas de tu perro. Puedes ver lo que parece una sustancia similar a la cera de oído de color oscuro en las orejas que pueden volverse irritadas e inflamadas. Los ácaros del oído son contagiosos. El rascado persistente es una pista de su presencia. Hay medicación tópica disponible y es imprescindible la limpieza regular de las orejas.

- **Sarna.** Un ácaro que se introduce en la piel y hace que el perro se rasque compulsivamente. El rascado lleva a desgarrar la piel y se forman costras. La pérdida de pelo en parches también es un síntoma. Muy contagiosa si los animales están en contacto cercano. Puede ser necesario cortar el pelo para el tratamiento. Se podría recetar champú medicado y medicación oral.

- **Coccidios**. Otro parásito que habita en el intestino. Las heces de perro y el suelo contaminado son los culpables de la transferencia. La diarrea con sangre es resultado de la infección. Tu veterinario puede recetar medicación.

Esterilizar, Castrar o Intacto

Esto es algo en lo que quiero ser muy claro. Ciertamente puedes esterilizar o castrar a tu Pastor Alemán cuando quieras. ¿Es una buena idea esterilizar o castrar a tu mascota temprano en su vida si decides hacerlo? La respuesta es no. ¿Tienes que esterilizar o castrar a tu Pastor Alemán? La respuesta es no. Entonces, con eso aclarado, profundicemos en los pros y contras de si hacerlo y cuándo.

Foto cortesía de Andrea Liu

Durante mucho tiempo, los veterinarios recomendaron que todos los perros fueran esterilizados o castrados a los seis meses de edad. Era una regla firme e inamovible. ¿Por qué lo hicieron?

- Prevenir camadas no planificadas

- Reducción de algunos riesgos para la salud, como el cáncer testicular en machos e infecciones uterinas potencialmente mortales en hembras

- Reducir problemas de comportamiento como agresión y vagabundeo

Ahora, sin embargo, muchos veterinarios y criadores se han alejado del enfoque estandarizado de esterilización y castración temprana. Están recomendando que los Pastores Alemanes, si vas a esterilizar o castrar, no sean operados hasta que sean mucho mayores, en algún lugar entre los dieciséis y veinticuatro meses de edad, o más. ¿Por qué? Hay varias razones, algunas particulares de la raza Pastor Alemán.

Esterilización o Castración Tardía

- Los Pastores Alemanes no alcanzan su madurez física completa hasta los dos años o más.

- La esterilización o castración antes de la madurez física aumenta significativamente el riesgo de trastornos articulares como displasia de cadera y desgarros de ligamentos.

- Mayor probabilidad de incontinencia urinaria en Pastoras Alemanas esterilizadas antes del año de edad.

La esterilización o castración temprana elimina las hormonas sexuales del cuerpo del perro. Los investigadores creen que las hormonas sexuales juegan un papel regulador en el proceso de crecimiento. Sin la testosterona o el estrógeno, los perros crecerán más altos de lo normal con extremidades más largas. Ahí es donde entran en juego los problemas articulares.

Cada uno tomará su propia decisión basada en circunstancias individuales. Mi Pastor Alemán tiene cinco años, está intacto y no he tenido dificultades con él. No es excesivamente agresivo y no "vagabundea". Somos responsables cuando salimos con él y está estrechamente vigilado, pero nunca nos ha dado motivos de preocupación. Por lo tanto, sugiero que deseches el enfoque estandarizado. Consulta con tu veterinario y haz lo que sea mejor para tu familia.

Cubriendo tus Apuestas

Antes de lanzarnos de cabeza a hablar sobre seguros para mascotas, hablemos de dinero. Si adquieres un Pastor Alemán, va a haber un gasto financiero considerable. Así que no vayas a recoger a Schatzi esperando comprar comida y algún juguete ocasional y eso es todo. Habrá gastos inesperados, especialmente en el veterinario. Así que los Pastores Alemanes y los ingresos discrecionales van juntos. Solo necesitas decidir cómo gastarlo.

El seguro para mascotas es un negocio en auge. Funciona prácticamente de la misma manera que cualquier seguro.

- primas mensuales
- franquicias
- limitaciones de cobertura

Al calcular sus primas, las compañías toman en consideración una serie de cosas.

- raza de perro
- su ubicación geográfica
- tipo de cobertura
- edad del perro

Es más barato entrar en el juego temprano, así que cuando traigas a Schatzi de ocho semanas a casa, no esperes demasiado para decidirte. Si dudas y quieres entrar más tarde y tu Pastor Alemán tiene una condición preexistente, es posible que tu compañía de seguros no la cubra. Sus primas mensuales aumentarán a medida que tu Pastor Alemán envejezca, por lo que debes tener esto en cuenta al determinar si el seguro para mascotas tiene sentido financiero para ti. Velo de esta manera. Puedes pagar todo de una vez sin seguro o un poco a la vez con una póliza.

Aquí hay una alternativa al seguro, porque hay otra forma de protegerse financieramente de gastos médicos inesperados con tu Pastor Alemán. Podrías establecer una cuenta bancaria y depositar una cantidad fija cada mes. Consumer Reports dice que el dueño promedio de un perro gasta casi ochocientos euros al año en costos veterinarios para su mascota. Esa podría ser tu guía. Sin embargo, debes ser fiel en los depósitos, o simplemente te estás preparando para esa gran factura de una sola vez sin reserva de efectivo.

Compramos un seguro para mascotas para Cody cuando tenía unos pocos meses. He presentado reclamaciones varias veces. Me quejo de las primas crecientes a medida que envejece, pero hay un término que he visto mencionado cuando se habla de mascotas y gastos médicos. Es algo llamado "eutanasia económica". Es cuando los dueños tienen que sacrificar a su Pastor Alemán porque no pueden pagar las facturas médicas. Nunca quiero encontrarme en esa posición. ¿Y tú?

CAPÍTULO 19
Desafíos de la Edad Avanzada

Siempre he encontrado que los perros de todas las edades son muy divertidos. Compañeros de ejercicio, amigos de siesta, interlocutores de conversación, fanáticos a la hora de comer, miembros del equipo de seguridad; sea lo que sea, los Pastores Alemanes pueden seguir desempeñando muchos roles sociales a medida que envejecen. Algunas de las mejores cualidades de los perros mayores es que son más tranquilos, aprecian una rutina doméstica, siguen siendo activos pero saben cuándo tomarse un descanso.

Cuando comencé a escribir este capítulo sobre los Pastores Alemanes mayores y lo que las personas podrían querer saber sobre los Pastores en sus años de vejez, me resultó difícil definir qué es un Pastor Alemán senior. Al igual que las personas, en última instancia, la edad cronológica de un Pastor Alemán está determinada por su salud y su condición física. Si utilizamos el rango promedio de vida de un Pastor Alemán, de diez a trece años, entonces concluyo que los Pastores, en promedio, alcanzan el estatus de senior en algún momento entre los si-

ete y diez años. Cada perro es un individuo único y merece una evaluación basada en su condición física y mental. Dejemos ahora el juego de los números y pasemos a algunas de las cosas a las que hay que prestar atención a medida que Caesar envejece.

Desafíos de Cuidado

"Hay muchos problemas genéticos en la raza, por lo que un examen de salud juicioso es importante antes de que los perros se reproduzcan. Algunos de los problemas genéticos que se observan en la raza son: displasia de cadera, displasia de codo, defectos cardíacos congénitos como SAS, VSD, epilepsia, torsión mesentérica, dilatación/torsión gástrica, insuficiencia pancreática exocrina, pannus, fístulas perianales, enfermedad tiroidea, mielopatía degenerativa. Algunas de estas enfermedades tienen pruebas de salud disponibles y otras requieren un cribado juicioso e investigación de pedigrí por parte del criador. Muchos de estos problemas genéticos son increíblemente costosos de manejar o tratar, y algunos incluso ponen en peligro la vida".

Katie Halfen
Casamoko Shepherds

En primer lugar, quiero mencionar algunas consideraciones de atención médica que no solo se refieren a los Pastores Alemanes mayores, sino a los Pastores Alemanes de cualquier edad. Es importante monitorear a tu perro regularmente porque estas afecciones pueden aparecer repentinamente. Si detectas las cosas a tiempo, como un buen compañero, puedes ayudar a mantener la calidad de vida de tu perro durante muchos años.

Dilatación Gástrica

Esta es una condición grave que puede matar a tu perro relativamente rápido, pero algunas rutinas simples pueden mantener al mínimo las posibilidades de que ocurra. En este trastorno, el aire, el líquido digestivo y los gases quedan atrapados en el estómago, causando que el estómago se expanda y a menudo se retuerza dolorosamente. A medida que se produce la torsión, se corta el flujo sanguíneo. Esta es una emergencia y el tratamiento veterinario inmediato es crucial. Para ayudar a prevenir que ocurra la dilatación, haz de la siguiente lista un hábito diario. El riesgo de que esto suceda, desafortunadamente, aumenta a medida que el Pastor Alemán envejece.

- No ejercites a Caesar durante una hora antes de comer o una hora después de una comida.
- Distribuye el consumo de alimentos de tu perro a lo largo del día. Las comidas grandes pueden ser un problema.
- A los Pastores Alemanes les encanta beber agua, pero limita las sesiones maratónicas de sorber.
- La simeticona, un reductor de gases, puede administrarse a los perros para reducir la hinchazón en una emergencia. Sin embargo, esto es solo una medida provisional, y aún debes buscar ayuda veterinaria.

Insuficiencia Pancreática Exocrina (IPE)

La IPE es un trastorno que puede aparecer en Pastores Alemanes de cualquier edad. Esta enfermedad interrumpe la producción de enzimas digestivas por parte del páncreas o interfiere con el uso de esas enzimas en el sistema digestivo. Los signos de que tu perro podría tener este problema son vómitos, diarrea, aumento del apetito y pérdida de peso.

- El tratamiento para la IPE es una enzima digestiva que se administra al perro en cada comida durante el resto de su vida. Los estudios sugieren que la IPE puede ser heredada genéticamente.

Mielopatía Degenerativa

La MD es un trastorno genético que generalmente afecta a perros de mediana edad o mayores. Esta enfermedad neurológica resulta en una debilidad progresiva de la parte trasera que culmina en parálisis. No existe cura ni tratamiento efectivo.

Osteoartritis (OA)

Esta se encuentra comúnmente en Pastores Alemanes de mediana edad y mayores. La OA frecuentemente aparece en animales que han sufrido de displasia de cadera y codo. Los espolones óseos y el engrosamiento del tejido articular causan dolor y rigidez, restringiendo el movimiento del perro. El cartílago articular se deteriora gradualmente, y la condición es progresiva. Es posible que no notes las primeras etapas de esta enfermedad, pero si crees que tu perro está disminuyendo su actividad, simplemente no siendo tan activo como antes, busca signos de OA.

- Cojera y dolor
- Dificultad para subir al coche

- Marcha anormal al caminar
- Problemas para levantarse después de estar descansando

Si bien no hay cura para la OA, existen algunos tratamientos efectivos que ayudan a mantener la calidad de vida de tu Pastor relativamente alta.

- Mantener bajo el peso de tu perro alivia la presión sobre las articulaciones afectadas
- Terapia física que incluye tratamientos de calor y frío
- Acupuntura
- La glucosamina y el sulfato de condroitina pueden reducir la inflamación

Fístula Perianal

Desafortunadamente encontrada con mayor frecuencia en Pastores Alemanes, una fístula perianal es una abertura anormal y dolorosa en la piel alrededor del ano del perro. Si no se trata, estas fístulas pueden expandirse a heridas abiertas. El estreñimiento, el lamido repetido del área anal y un olor desagradable son indicadores potenciales de este problema.

- Puede ser necesaria una cirugía para eliminar las fístulas
- Podrían requerirse antibióticos para tratar la infección
- Una cuidadosa personalización de la dieta puede ayudar a controlar el trastorno

Enfermedad de von Willebrand (EvW)

Este es un trastorno hemorrágico que implica una falta de coagulación similar a la hemofilia en humanos. La EvW es un trastorno hereditario. Hay varios síntomas que pueden indicar que tu Pastor Alemán tiene EvW.

- Sangrado excesivo después de una lesión o cirugía
- Sangrado interno que se manifiesta como sangre en la orina o las heces
- Hemorragias nasales y sangrado de las encías

La transfusión de sangre es la principal forma de tratar la EvW. Algunos perros pueden beneficiarse de suplementos tiroideos si son hipotiroideos.

Pannus

El pannus es una condición relacionada con el sistema inmunológico que afecta la córnea del perro o la parte clara de su ojo. Primero aparece como enrojecimiento y luego lo que se conoce como el "tercer párpado", o la esquina del ojo, se hincha e inflama. Típicamente afectará ambos ojos. Si no se trata, el pannus causará ceguera.

- Se recomiendan gotas oculares con esteroides
- Evitar la luz ultravioleta

El tratamiento no es una cura, pero generalmente detiene la progresión de la enfermedad.

Mantenerse Vivo

Sé que acabo de bombardearte con una gran cantidad de información. Puede ser un poco deprimente si no le damos algo de contexto. Todas esas enfermedades y trastornos que he incluido en la primera parte de este capítulo existen y sí, afectan a algunos Pastores Alemanes. Pero lo más probable es que tu perro, si proviene de un criador responsable, no se vea afectado por ninguna de las enfermedades hereditarias. Algunas de las otras pueden manejarse bastante bien cuando se detectan temprano.

A medida que tu Pastor Alemán avanza hacia sus años más maduros, hay una serie de cosas que puedes hacer para ayudar a Caesar a lidiar con los cambios corporales que trae el envejecimiento. Comencemos con la dieta.

La Alimentación Primero

Los perros mayores tienen metabolismos más lentos. Es un hecho. Eso significa que el menú con el que han estado trabajando hasta este punto en sus vidas puede que ya no sea adecuado para ellos. Cuando comienzan a tener un estilo de vida menos activo, después de verificar cualquier problema médico, deberás pensar en cambiar gradualmente la comida y las golosinas que se ofrecen en tu casa a diario. Algunos veterinarios creen que los perros más pesados y con sobrepeso envejecen más rápido que los animales más delgados. Eso es algo a considerar al planificar la alimentación.

- **Proteína de alta calidad.** Caesar necesita buena proteína ahora más que nunca en esta etapa de la vida. Los Pastores Alemanes son propensos a la pérdida muscular a medida que envejecen, por lo que mantener el acceso a proteínas de calidad es imprescindible.

- **Alimentos fácilmente digeribles.** Como un buen analista de control de calidad, debes monitorear la entrada y salida del sistema digestivo de tu Pastor. A veces la gente me ha mirado de manera extraña mientras examino las heces de mi perro, pero en serio, necesitas hacerlo. Las heces grandes, flojas y malolientes son signos de que Caesar no está utilizando los nutrientes de su comida. Es hora de probar algo más.

- **Carbohidratos.** Los perros no necesitan muchos carbohidratos. La mayoría de los alimentos comerciales para perros están sobrecargados de ellos. El exceso de carbohidratos puede contribuir al aumento de peso, por lo que monitorear de cerca la cantidad en la dieta de tu Pastor a medida que envejece es algo bueno. Las golosinas no escapan al escrutinio de los carbohidratos aquí, así que presta atención también a cuántas golosinas de batata estás repartiendo.

- **Calorías, punto**. No quiero obsesionarme con el peso, pero si los perros mayores se mueven menos, y si eso los hace propensos a aumentar de peso, entonces las calorías totales deben estar en tu lista de vigilancia. Los alimentos comerciales dirigidos a perros mayores pueden ser altos o bajos en calorías dependiendo de la marca, por lo que debes leer la etiqueta.

- **¿Problemas dentales?** Si tu Pastor Alemán mayor tiene problemas de encías o dientes, debes pensar en proporcionarle un alimento más blando para comer. El de croquetas duro a veces puede exacerbar los problemas dentales existentes. Algunos alimentos comerciales se jactan de sus beneficios para la salud dental. Consulta con tu veterinario para obtener una opinión sobre ellos.

- **Suplementos para las articulaciones y ácidos grasos**. Los humanos los toman y tu Pastor Alemán mayor también puede beneficiarse de ellos. Agregar glucosamina y condroitina a la dieta de un perro puede ayudar con las articulaciones rígidas relacionadas con la artritis. Los ácidos grasos EPA y DHA pueden ayudar a reducir la inflamación.

Control del Clima

Cuando tu perro es más joven, no necesariamente pasa mucho tiempo pensando si el calor o el frío le están molestando. Sí, puede que necesite buscar la sombra o entrar al aire acondicionado, y no querrás dejar a Caesar afuera demasiado tiempo en un día de invierno. Pero si eres como yo, no estás preocupado por el control del clima y tu Pastor Alemán. Un perro mayor es una consideración completamente diferente.

- Los perros mayores, como las personas mayores, pueden perder la capacidad de mantener una temperatura corporal constante debido a cambios en su metabolismo. Por ejemplo, eso significa que en clima caluroso, los Pastores mayores podrían no ser capaces de manejar esa larga caminata a treinta y dos grados centígrados. La deshidratación también es una preocupación. Lo mismo ocurre con el frío. Es posible que tengas que ponerle un suéter a ese grande y fuerte Pastor Alemán.

Salir a Caminar

El ejercicio siempre es importante en cualquier etapa de la vida de tu perro. Es posible que tengas que reducirlo a medida que avanzan los años, especialmente si tu Pastor Alemán mayor tiene algunos problemas de salud, pero es importante mantener esas caminatas diarias, por ejemplo. Todavía puedes hacer muchas de las mismas cosas, simplemente no las hagas por tanto tiempo. Míralo de esta manera, tu brazo podría estar menos adolorido en ocasiones debido a menos lanzamientos de pelota. Estás de acuerdo con eso, ¿verdad? Un par de palabras más de consejo.

- Divide cualquier período de ejercicio en fragmentos más pequeños de tiempo. Eso le dará a tu Pastor Alemán mayor tiempo para recuperarse entre episodios de actividad.

- Sé menos vigoroso en su estilo de juego. Afloja un poco durante el tira y afloja, por ejemplo.

Es un Estado Mental

A medida que tu perro envejece y se ralentiza, una inclinación natural podría ser dejarlo atrás a veces. "Es demasiado lento" o "Tomará demasiado tiempo" son frases familiares de los niños a veces. Es importante recordar que los perros mayores necesitan la estimulación de un viaje a la tienda o un paseo al campo tanto como los Pastores Alemanes más jóvenes. Los picnics, las reuniones familiares, las fiestas en el patio trasero son todas oportunidades para estimular a Caesar y mantenerlo involucrado y motivado. Mientras la vida sigue moviéndose rápidamente y todos parecen ocupados, no olvides a tu perro. Incluirlo contribuye a un estado mental saludable.

Acicalando a tu Pastor Alemán y Charla con el Veterinario

Mantener una rutina frecuente y regular de acicalamiento es aún más importante a medida que tu Pastor Alemán envejece. Los perros mayores y sus sistemas inmunológicos senior reciben un impulso si el cepillado y peinado regular continúa, así como el lavado frecuente de su cama. Los mayores podrían no ser tan meticulosos con su higiene personal como lo fueron una vez, por lo que puedes ayudarlos manteniéndote al tanto de las cosas. El enfoque práctico durante el acicalamiento también te da la oportunidad de pasar tus manos por el cuerpo de tu perro y hacer un seguimiento de cualquier cambio que pueda merecer la atención de tu veterinario.

Y hablando del veterinario, deberías considerar duplicar esa visita anual al veterinario. Cada seis meses es una mejor idea ahora porque te dará ventaja sobre cualquier problema que Caesar pueda estar desarrollando en términos de salud. También puedes discutir con tu veterinario si algunas de las vacunas sugeridas realmente necesitan ser administradas a un perro mayor. La rabia generalmente está exigida por el estado, pero debes tener una conversación franca con tu veterinario sobre las demás. El sistema de un perro mayor puede no tolerar las inyecciones y refuerzos de la manera en que lo hizo cuando era un perro más joven.

Dolencias del Envejecimiento

No es una discusión fácil de tener, pero a medida que tu Pastor Alemán envejece, deberías estar hablando con los miembros de la familia sobre lo que llamaré "eventualidades". Con eso me refiero a algunas de las dificultades y enfermedades que tu perro mayor puede encontrar al entrar en la fase geriátrica de su vida. Permíteme repasar algunos de los problemas médicos con los que puedes tener que lidiar.

Alerta de Obesidad

Si bien la obesidad es algo a tener en cuenta durante toda la vida de tu perro, es aún más importante prestar atención en los últimos años. Cualquier peso adicional que tu Pastor Alemán lleve consigo aumenta la probabilidad de presión arterial alta, enfermedades cardíacas y osteoartritis. Algunos tipos de cáncer son más prevalentes en perros con sobrepeso y obesos.

Cáncer

Hay varios cánceres que se encuentran con más frecuencia en los Pastores Alemanes. El hemangiosarcoma es uno de ellos. Esta enfermedad aparece con mayor frecuencia como un tumor en el bazo o el músculo cardíaco. A veces es posible la cirugía, pero el pronóstico generalmente no es bueno. El osteosarcoma es un cáncer de hueso que a menudo se encuentra en perros de razas grandes, incluidos los Pastores Alemanes. Aparece generalmente en los huesos largos de las piernas y la amputación es el tratamiento preferido.

Cataratas

Las cataratas, o una opacidad del cristalino del ojo, pueden desarrollarse a cualquier edad, pero los perros mayores son propensos a la variedad de aparición tardía. La condición no necesariamente se desarrolla al mismo ritmo en ambos ojos. La opacidad generalmente comienza en el medio del ojo y se extiende hacia afuera, eventualmente cegando todo el ojo. La cirugía es una opción costosa pero tiene una alta tasa de éxito.

Demencia

Puedes llamarlo demencia o disfunción cognitiva canina, pero muchos dueños pueden no notar los síntomas iniciales del deterioro mental.

- Caesar puede no dormir tan bien como solía hacerlo
- Podría haber falta de control de la vejiga o intestinal
- El perro puede parecer más ansioso, más tiempo
- Caminar de un lado a otro con frecuencia
- Ladrar y gemir sin razón aparente
- Mayores niveles de agresión
- Pérdida de apetito
- Desorientación, incluso en lugares familiares

Cuando comiences a ver cualquier cambio en el comportamiento de tu perro, es una buena idea tomar notas. Eso te dará una línea de tiempo y detalles específicos cuando hables con tu veterinario. Se pueden recetar medicamentos para ayudar a lidiar con algunos de los síntomas.

Incontinencia Canina

Puede haber muchas razones diferentes para este trastorno en perros mayores. Hay dos lados de esta condición.

1. Incontinencia urinaria. Los signos pueden incluir consumo excesivo de agua, goteo de orina, orinar grandes cantidades, detención del flujo. Además, las hembras esterilizadas pueden ser más propensas a experimentar incontinencia urinaria debido a la falta de estrógeno. Se recetan medicamentos para ayudar a controlar la condición. A veces también puede ser necesaria la cirugía. La mayoría de los Pastores Alemanes responden bien al tratamiento.

2. Incontinencia fecal. Los signos pueden incluir defecar en lugares inapropiados, estómago hinchado, sensibilidad en la parte trasera, arrastrar la parte trasera sobre la alfombra o el suelo. Esta condición a menudo es causada por enfermedad de la médula espinal y daño nervioso. El tratamiento dependerá de la causa exacta, pero el pronóstico puede ser optimista.

Calidad de Vida

Seré completamente franco contigo. Esta es la sección de La Guía Completa de Pastores Alemanes que nunca quise escribir. Lidiar con decisiones de fin de vida que involucran a uno de tus miembros familiares más amados es extremadamente traumático. Existe el deseo de aferrarse a lo que tienes: no puedes imaginar la casa sin ese perro grande y viejo jadeando, con las uñas haciendo clic en el suelo de madera. ¿No era solo un cachorro el año pasado? Pero el momento siempre llega, tarde o temprano, cuando tienes que hacerte las preguntas difíciles. Si los Pastores Alemanes pudieran verbalizar las cosas, el proceso podría ser mucho más fácil. Incluso si no pueden hablarte, ciertamente te harán saber cómo se sienten. Pero tú tienes que prestar atención a las señales y lo más importante en toda la ecuación es la calidad de vida de Caesar. Siempre puedes ser egoísta y aferrarte a algo, pero tal vez, solo tal vez, es hora de dejarlo ir.

Preguntas Difíciles

Si te encuentras haciendo algunas preguntas difíciles, entonces sabes que algo fuera de lo común está sucediendo en la vida de tu Pastor Alemán. Tal vez no estés participando con tanto entusiasmo en algunas de las rutinas que has disfrutado toda tu vida. No puedo imaginar a mi perro, Cody, no queriendo correr tras la pelota o intentar con todas sus fuerzas ganar una batalla de tira y afloja. Pero ahí es cuando comenzarán las preguntas difíciles. Puedes estar enfrentando una enfermedad terminal con tu perro, o las secuelas de un accidente, o podría estar acercándose al final de su vida; los mismos factores entran en juego en tu toma de decisiones sobre si es hora de decir adiós.

Umbral de Dolor

Uno de los principales indicadores para decidir si es hora de dejar ir a tu perro es cuánto dolor tiene Caesar. Los perros no siempre te hacen saber lo mal que se sienten. Eso es porque no pueden imaginar nada más que el ahora, y si ven una cara amigable entrar en la habitación, es probable que muevan la cola incluso si están con mucha incomodidad. Entonces, la determinación del umbral de dolor depende de ti. Aquí hay algunas cosas de las que debes estar atento.

- Cantidad desproporcionada de llanto o gemidos
- Temblor incontrolado
- Sin interés en beber o comer
- Jadeo intenso
- Inquietud

Factor Instintivo

Aquí es donde necesitas separarte de tu perro. Lo que es bueno para ti, es bueno para Caesar. Acércate lo más posible a la imparcialidad (no es realmente posible, pero imagina que puedes) y mira todas las señales que te están mirando a la cara. ¿Tu perro está comiendo, qué tipo de apetito está mostrando? Incluso los comedores exigentes, como lo son algunos Pastores Alemanes, tienen que comer, disfrutar de comer, algunas veces. Si no hay disfrute a la hora de comer, las golosinas no son aspiradas como de costumbre, eso te está diciendo algo. Los cambios de comportamiento son otro indicador. Si el animal no parece disfrutar mucho, hay una falta de entusiasmo por las cosas en general, esa es otra señal. Y lo que los une a todos es tu instinto, tu intuición. Soy partidario de hablar con mi perro. Siéntate y ten una conversación con él. A veces eso te ayuda a resolver las cosas en tu propia mente. Escucha lo que estás diciendo. Escucha lo que ellos están diciendo.

La Decisión

Si se estás escuchándote a tí mismo, honestamente, y te da cuenta de que tu Pastor Alemán tiene mucho dolor, entonces tienes parte de tu respuesta sobre dejarlo ir. Eso es lo que tu perro está sintiendo. El reverso de eso es cómo te estás sintiendo tú. Saber que es lo correcto a veces no es suficiente. Tienes que ser capaz de desprenderte, de poder decirte a ti mismo que dejarlo ir es lo correcto. Para complicar las cosas, puedes tener todo tipo de personas opinando, incluidos miembros de

la familia, y tienen derecho a ser parte de la discusión. Pero no pueden hacerte sentir culpable. Con suerte, puedes llegar a una decisión colectiva, pero si no puedes, aún necesitas seguir lo que tu instinto te dice que es lo correcto.

Por último, tendrás que considerar lo que tu veterinario te está diciendo. Si el está abogando por algún tipo de tratamiento, entonces tienes que dar una fuerte consideración a eso. Si el está aconsejando que es hora de eutanasiar a Caesar, entonces necesitas considerar eso. Siempre va a haber mucha culpa y tristeza, eso es normal. La conclusión es hacer lo que tu instinto te dice que es lo correcto. Nadie puede ayudarte con esa decisión.

Cómo Lidiar con el Duelo

Cuando se está tomando la decisión de eutanasiar a tu Pastor Alemán, puedes tener un sentimiento creciente de pérdida, el duelo instalándose, incluso antes de que Caesar se haya ido. No soy creyente en las llamadas cinco etapas del duelo que Elisabeth Kubler-Ross hizo famosas. Ella teorizó que todos pasamos por diferentes "fases" durante y después de la muerte de un ser querido.

1. Negación
2. Ira
3. Negociación
4. Depresión
5. Aceptación

Creo que la mayoría de nosotros seguimos nuestra propia línea de tiempo. Puedes experimentar algunas de las cinco etapas en orden o fuera de orden, pero ciertamente el número cuatro, depresión, será experimentado por la mayoría de nosotros. No estoy seguro de si alguna vez podría llegar a la "aceptación".

Mi perro me hace un ser más social. Cody es mi confidente. No comparte ninguno de mis secretos, así que tiene mi completa confianza. También tiene la solución a muchos de los problemas de la vida. La mayoría de las veces eso implica dar un largo paseo y no pensar en nada más que en el paisaje que pasa. Entonces, ¿cómo lidiamos con nuestro duelo cuando esa gran cara de Pastor Alemán ya no está ahí para ayudarnos a navegar por la vida?

Déjalo Suceder

Los primeros días sin tu Pastor Alemán serán increíblemente difíciles y solo tienes que dejar que sucedan. El duelo es un proceso individual. Esos sentimientos que tienes que te hacen querer retirarte y mirar por la ventana son perfectamente naturales. Pero mientras lo haces, necesitas, lentamente, tal vez solo un poco a la vez, pensar en lo que sigue. ¿Qué va a pasar en tu vida ahora?

- Incluso si crees que podrías obtener otro perro en un futuro cercano, reorganiza las cosas alrededor de la casa para que no tengas que ver los recordatorios de una presencia que falta. El plato de comida y agua deben guardarse por ahora, y la cama en el porche debe recogerse. No estás deshonrando la memoria de Caesar. No estás borrando su existencia, solo estás avanzando.

- Escríbete una carta sobre tu perro. O simplemente escribe una historia de flujo libre de lo que quieras incluir sobre la vida de tu mascota fallecida. Lo más probable es que sea una compilación de todas las cosas buenas, incluso esas noches tardías con el cachorro llorando cuando llegó a casa por primera vez. Todo eso es bueno y puede hacerte llorar, pero está bien. Piensa en los aspectos positivos.

- Reconoce que el duelo es solo una extensión del amor por tu perro. Él te dio su amor incondicionalmente y estaría feliz de ver que tú lo amaste lo suficiente como para llorar por él. Podría ser acusado de antropomorfizar aquí, pero es solo lo que pienso.

- Tu Pastor Alemán te dio un sentido de propósito mientras estaba vivo y también hay un propósito legado allí. Él te hizo una persona más fuerte al ayudarte a lidiar con la vida. Ese es un regalo que te dio y tú necesitas avanzar con ese regalo.

Una de las mejores cosas de los Pastores Alemanes es que siempre están en el presente. De esa manera nunca se pierden nada de lo que sucede a su alrededor. No caminan con la cabeza en las nubes pensando en la próxima semana. Ni siquiera saben que hay una próxima semana. Entonces, si vives en el presente, con el recuerdo de Caesar en tu corazón, nunca podrás perderlo. Sabes que él te amaría aún más por poder hacer eso.

Recuerda lo que te dije al principio de este libro. Que cuando traes a casa un cachorro de Pastor Alemán, estás a punto de vivir la experiencia de tu vida. Y que ellos te amarán y nunca te abandonarán. Todo es cierto.

Mi Consejo
- Ama a tu perro. Dale un abrazo de mi parte.

www.ingramcontent.com/pod-product-compliance
Lightning Source LLC
Chambersburg PA
CBHW070853120626
46556CB00002B/969